市民防災読本

減災から、災害死「0」へ

「新たなステージ」に入った
わが国の「防災」を根底から問いなおす

松井一洋

近代消防社 刊

目次

〔本書は、本文が見開きで構成されておりますので、どの項目からもご覧いただけます。〕

第二章　被災の辛さと悲しみに向きあって

第四章　防災リーダーへの伝言

まえがき　～『今、ここにある危機』を乗り越えるために

□現在のままで、次の大災害に立ち向かえると考えておられますか？
□不安があるとしたら、何が、どこが、足りないのでしょうか？
□これから、どんな防災活動をすすめていけばよいでしょうか？

わが国では、毎年のように土砂災害や浸水被害によって多くの犠牲者が発生しています。また、地震や火山噴火も相次ぎ、そのうえ南海トラフ巨大地震や首都直下地震の切迫性も警告されています。一昨年来、新型コロナウイルス感染症のパンデミック（世界的大流行）も重なり、まさに、未曽有な惨禍の時代の真っ只中にあります。

災害発生のたびに、関連法改正や行政の取り組みが見直されますが、ほとんどが、以前から懸案のままになってきた対策や地域における取り組みの改善・強化策です。阪神・淡路大震災から26年、東日本大震災から10年、国を挙げて「防災」を推進してきたにもかかわらず犠牲者のニュースが伝えられるたびに、もしかすると「何か重要な観点や要件を忘れているのではないか（未完のシステムなのではないか）」という不安に駆られます。

この機会に、阪神・淡路大震災以来、目標とされてきた「減災（被害を最小限に抑えるための取り組み）」の発想を乗り越えて、犠牲者が一人でも発生すれば、その地域の「防災」は「失敗であった」というほどの厳しい認識を国民一人ひとりが共有し、『災害死「0」』を目指さなければならないと強く感じています。

ここ数年の気象官署等からの災害に対する主要な警告と課題を概観します。

(1) 災害発生の「新たなステージ」

２０１５年１月20日、「新たなステージに対応した防災・減災のあり方に関する懇談会」（国土交通省）は、「温暖化の進行により危惧されているような極端な雨の降り方が現実に起きており、明らかに雨の降り方が局地化・集中化・激甚化し」、かつ「いつ大規模な火山噴火が起こってもおかしくない」という天変地異の状況を「新たなステージ」と捉え、国民一人ひとりが「自分ごと」として危機感を持って、「命」を守り、「社会経済の壊滅的な被害」の回避に取り組んでいく必要があると発表しました。

(2) 南海トラフ巨大地震の発生確率の引き上げ

２０１８年２月10日、政府の地震調査研究推進本部は、これから30年以内の南海トラフ巨大地震の発生確率を、70％から、最大で80％に引き上げました（なお、30年という期間は、来るべき大地震に備えて、警戒対象地域におけるハードとソフトの防災対策が相当程度に進捗する期間として設定されています)。

(3) 地球温暖化による大雨の発生確率上昇

2020年10月20日、気象研究所・国立環境研究所から、地球温暖化の影響によるClimate Crisis(気候危機)によって、人的な被害を伴う土砂災害や河川氾濫等が頻発しており、「2017年7月九州北部豪雨及び2018年7月豪雨に相当する大雨の発生確率が、地球温暖化の影響がなかったと仮定した場合に比較して、九州西部において1.5倍、瀬戸内地域においては3.3倍になっている」という驚くべき発表がありました。

(4) 災害と感染症との複合災害

現在、新型コロナウイルス感染症のパンデミック(世界的大流行)により、グローバル(地球的)に社会経済活動の自粛が求められています。この時期に大きな災害が発生すれば、複合災害として、避難行動や避難場所運営、救助・救援にも大きな不安あります。そのための避難所運営マニュアル等が用意され始めていますが、状況によっては、地域全体が大きなジレンマに陥る可能性があります。

(5) 人類と自然との関係について見直す機会(人新世の時代)

これまで、わたしたちの産業活動は、「どのような社会を創造するか」という具体的ビジョンに向かって、必要なものを作り出してきたわけではありません。企業の維持・発展のためにマーケティングとイノベーション（創造的破壊）によって、新しい市場が次々と開発され続けてきました。しかし、グローバルな災厄の時代に入って、「人類が地球の地質や生態系に重大な影響を与えている時代として、自然との関係を本質的に見直していく機会」であると捉え、「人新世の時代」（Paul Jozef Crutzen, 1933.12. - 2021.1.28 大気化学学者・蘭）」という主張がされはじめています。

（6）具体的な施策の実現を

「防災」に関する論文や評論は、「……すべきである」「もっと議論が必要である」「今こそ英知を結集しなければならない」と、まるで他人ごとのように指南することが多く、その課題を「いつ、だれが、どのように実現するのか」についての具体的な施策には、ほとんど触れられません。しかし、机上の理論で、「命」を守ろうとする時期は、もうとっくに過ぎてしまいました。求められるのは、従来からのさまざまな課題を確実に実現する意思と行動です。

以上の認識にたって、「防災」について、今一度、原点に立ち返り、あるべき姿と取り組みの方向を見直し、二度と悲しい犠牲者を出さないような、タフで、安全・安心な未来社会を構築していくための橋頭保の一端を築ければと願っています。

現代社会の主要な防災活動

【基本理念】災害被害の大きさは、社会構造、まちづくり計画や地域コミュニティにおける市民防災力まで、発生する前の社会のありようをそのまま可視化します。

■なぜ、「防災」が強く求められるのか？

①災害の多発化・激甚化・広域化傾向（異常気象、火山噴火、津波等の頻発）
②次の大災害発生の切迫（備蓄・一時避難場所・避難経路・方法の確保）
③地域コミュニティの再生（自助・共助の実現・防災資源の有効化・社会資本の充実）
④災害と感染症等の複合災害への対処（避難場所のあり方・感染防止対策等）
⑤社会経済活動見直しの必要（現代資本主義の見直し・国土利用計画・少子高齢化）

■防災活動の推進項目

（1）ハード対策（災害抑止対策）

①自然活動の解明促進（異常現象の把握・情報発信）
②災害抑止技術の進歩（老朽化インフラ対策・耐震補強、治水治山、砂防堰堤）

③発災時の情報集中システム整備（デジタル化による迅速かつ合理的な意思決定と対応）
④災害情報伝達システムの改善（連絡系統・防災行政無線・メディア・SNS等）
⑤国土開発・建築計画の抜本的見直し（開発・建築法制・超高層ビル建設）
⑥避難場所、仮設住宅の改良（耐震補強・居住性向上・避難手段確保）

(2) ソフト対策（「減災」から、災害死「0」へ）

①市民の防災意識向上（生活防災の推進・非常持ち出し等避難準備）
②国・自治体の役割強化（防災に関する啓発・指導・避難プロセス・システムの改良）
③地域の受援力向上（災害切迫・救助・救援時の公的支援、ボランティア対応）
④社会的リーダーへの危機管理教育の充実（教職員・企業経営者・施設責任者）
⑤自主防災活動の活性化（地区防災計画・災害時警戒・避難誘導・一時避難場所開設）

(3) 市民生活と防災文化

①警戒区域・危険地域・浸水想定区域等からの移転促進（移転先斡旋と資金支援）
②自立と復興支援（国・自治体の自立支援、損害保険、心のケア）
③要支援者の福祉・介助強化（要支援者に対する個別支援計画・福祉避難場所）
④学校教育・社会教育の充実（防災・道徳・思いやり・自立）
⑤共生社会への配慮（男女共同参画・セクシャルマイノリティなど多様性）

⑥企業の地域協力活動の実現（企業市民としての地域協力）
⑦災害教訓の解析と具体的行動の指標化（実効性のある訓練）

■近未来のあるべき姿へ
①超高齢社会における社会制度・防災対策等の抜本的再構築
②定常（縮小）社会における国土開発、企業経営、社会福祉、国民意識等の改革
③首都機能の分散
④経済活動の持続（国土強靱化・物流等インフラの整備・ＢＣＰ）
⑤グローバル社会における相互支援と自律分散型経済社会体制の両立
⑥「人新世」の発想による「自然との共生」と産業活動・思想の根本的改革

第一章

災害の日々を振り返る（阪神・淡路大震災以降）

――平穏な社会が続いているあいだは、その社会が、「防災」に関して、どのように構造化され、どこが脆弱なのか見えてきません。実際に災害が発生したとき、はじめてわたしたちの目前に突き付けられます。過去の幾多の災害から、「そのような大きな被害が発生したのは、社会構造として何が不足し、どこが不備であったのか」をひとつずつ丁寧に洗い出し、可能なところから確実に改善していくという姿勢を大切にしたいと思います。

註：本書では、特に断りのない限り、国民、住民等を総称して「市民」と表現します。

陸前高田奇跡の一本松
（撮影：高橋英彦）

資料1　防災と危機管理（危機発生時の強制避難）について

「防災」と「危機管理」の明確な区別は、本書の論点の一つです。

これまで、わが国では、「事前の備え→早期避難→避難情報・(発災)・避難→公的避難場所（立ち退き避難・自主避難・在宅避難等を含む）→生活避難場所→仮設住宅→復興事業→被災者の自立（あわせて次の災害への備え）」まで、平時から非常時、復興時を通した一連の時間的な経過を「防災（災害過程を通しての広義のリスクマネジメント）」として統合的・包括的に把握してきました（本書でも、特に断りのない限り、この意味で「防災」という用語を使用します）。

そして、行政が発表する避難情報（避難指示等）は、災害対策基本法第60条各項に「できる。」とあるように裁量行為であり、それを受けてどのように行動するかは、市民の自己判断に任されています。しかし、災害時に「命を守る」ためにはやむを得ず強制避難措置を導入するべきだと強く感じはじめています。ただし、土砂災害警戒区域や浸水想定区域について優先避難地域を指定し、該当する地域の市民から秩序ある避難行動をとらなければ、現在の限られた公的避難場所だけでは、明らかに収容力が不足します。

もっとも、現在のわが国の危機管理法制や為政者の意識（東日本大震災時ですら、災害対策基本法第51条の2 災害緊急事態の布告は発せられませんでした）では、「避難命令＝強制避難」

と改定するには、国政レベルでも相当の紆余曲折が予想されます。

また、非常事態宣言そのものについて、市民間にも、わが国の歴史的経緯と基本的人権尊重の考え方に大きな隔たりがあり、新型コロナウイルス感染症によるパンデミック（世界的大流行）においても、その感染防止は原則として新型インフルエンザ等対策特別措置法（特別措置法）に基づく緊急事態宣言等の発出による市民の社会経済的活動の自粛に依拠しています。

しかし、災害は、今後も継続して次々と発生しますから、『災害死「0」』を達成するためには、どのような緊急社会システムを採用するべきかについて、事前に十分議論して決定しておく必要があります。

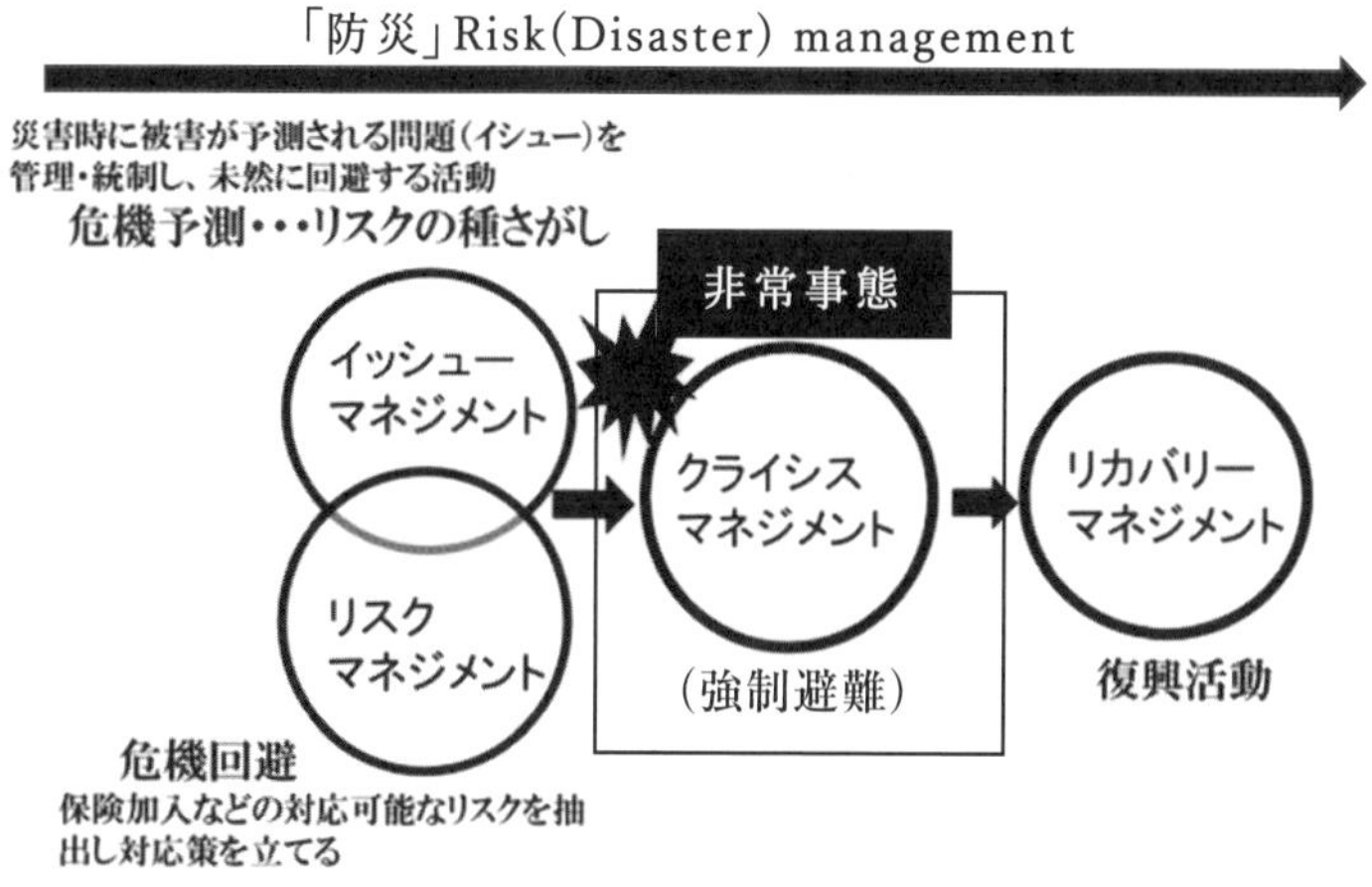
「防災」Risk(Disaster) management
災害時に被害が予測される問題（イシュー）を
管理・統制し、未然に回避する活動
危機予測・・・リスクの種さがし
非常事態
イッシュー
マネジメント
リスク
マネジメント
クライシス
マネジメント
（強制避難）
リカバリー
マネジメント
復興活動
危機回避
保険加入などの対応可能なリスクを抽
出し対応策を立てる

1995年1月17日(火)
阪神・淡路大震災(兵庫県南部地震)

淡路島北部沖の明石海峡(北緯34度35・9分、東経135度2・1分、深さ16㎞)を震源としたM7・3の巨大地震である。東洋最大の港であった近代都市神戸が大きな被害を受け、日本国内のみならず世界中に衝撃を与えた。死者6、434人(関連死を含む)。

あの朝、遠くから迫ってくる地鳴りに眠りを覚まされ、揺れだすと同時に飛び起きて、跳ね回る家具を支えながら激しい揺れのおさまるのを待ちました。

わたしは、それまで二十年ほど鉄道会社に在籍し、列車の運行管理や広報部門で、24時間いつ起こるかしれない事故やトラブルに神経を張りつめてきました。深夜早朝に枕もとの電話が鳴ることも日常茶飯事でした。そのせいもあってか、突然襲ってきた経験したこともない大きな地震の揺れにも、自分でも意外なほど冷静でした。リスクマネジメントにおける「心の備え(心の下づくり)」とは、発生した出来事の時期、種別、大小などにかかわりなく、事実をあるがままに受容していく精神的なしなやかさ(たわみ性)だと思います。

さて、企業広報担当者としては、一刻も早くマスコミと利用者に正確な被害状況と運行状況を報せることが職責ですから、書棚の本をはじめ家財が床に散らばって足の踏み場もない状態にも構わず、日頃から用意してある非常用の鞄を抱えて慌ただしく家を出ました。

すると、通常の朝6時ならば、人々が忙しく活動を始める時間なのに、街頭から人影も自動車の通行も途絶え、「恐ろしい静寂」のなかで空気が止まったようでした。その瞬間、「これはただごとではない」と一気に緊張感が高まり、鳥肌が立ちました。

6時20分、本社に到着。

エレベーターが非常停止していたため12階のデスクまで階段を一気に駆け上がり、息せき切って情報の収集に取り掛かりましたが、すでに通信状態が不安定になっており、現場の被害状況はほとんど把握できませんでした。とりあえず6時40分、担当記者クラブ（青灯クラブ）に、「全線ストップ」の第一報をファックスしました。

明るくなるにつれて増えてきたマスコミ各社からの断続的な問い合わせに無我夢中で対応していたら、瞬く間にその日は過ぎて行きました。もちろん昼食も夕食も摂れませんでした。

当日の深夜になって、社有ヘリから撮影した被災状況の映像フィルムを持って担当記者クラブを訪問し、その時点での被害概要をレクチャーしましたが、わたしには、この時点でも、歴史的な大災害の渦中にいると言う認識はほとんどありませんでした。思考回路に薄いベールがかかっているような朦朧とした状態でした。想像を絶するようなアクシデントに直面したとき、人間の心は現実と幻想の区別がつかなくなるのかもしれません。災害心理を考える上での原点ではないかと思います。

——あの日は、多くの被災者と同じように、わたしにとっても人生の大きな転機となりました。

投稿

[日本地震学会ニューズレター] 2005年1月号

「あの日、問われたものとは」

(阪神・淡路大震災から10年にちなんで、日本地震学会から求められたエッセーです。)

私のイメージはこうである。

「地中の奥深くで、密かに蠢き続けるモノがある。ひょっとすると「地の霊」と呼ばれるものかもしれない。それは、たまさか、地上にまで達する激しい活動を起こす。大地の表層で、つかの間の平安に生きる小さな人間たちは、そんな時、想像を絶する巨大な力に恐れおののき、慌てふためき、そして……、深い悲しみとやり場のない怒りに打ちひしがれる」。では、これからどのようにして生きていけばよいのか?それを探す〝新しい旅〟が、あの時、始まったはずだった。

【転機】

〝Destiny is made known silently.〟と教えられてきた。しかし、あの朝は、まるで重戦車の来襲のような地鳴りから始まった。まどろみのうちに耳に刻んだ轟音は決して忘れまい。驚天動地とはかくやと思われた数十秒間の激しい振れが通り過ぎた後の、不思議なほどノイズのないひと時の静寂は、多くの尊い生命とともに、営々として積み上げてきたガラス細工のような近代文明の一角が儚くも〝昇華〟する一瞬だった。

――こうして転機が訪れた。

残された人々は、それぞれの自然観、人間観や価値観によって、万感の思いを抱きながらも、あの日が、それぞれの人生にとって転機であったというシンパシーを持っていることは確かだ。私たちは、生と死がまざまざと交錯する埃まみれの空間と時間のなかにあって、誰からともなく身を寄せ合い、ともに生きていくことのDignityを確認しあった。それは、戦後の近隣関係の構造的変化によって忘却しはじめていた都市生活者たちの身体的近接性への回帰であり、さらには、次世代のカウンター・カルチャーの萌芽すら感じさせるものであった。

【非日常の世界】

わが国においても、震度7の大地震は決して日常的な自然現象ではない。毎年のように襲い来る台風や大雨ですら、しばしば予想を超える〝被害〟をもたらすという現実を重ね合わせると、ほぼ数十年周期といわれる大地震への物心両面の備えが疎かになることを、日々を懸命に生きている市民の生のプロセスにおける「過ち」もしくは「忘却」として非難しうるほどに、誰も高慢にはなれない。大地震は「人口移動、産業構造、土地所有、地域空間・景観、地域社会関係などの、普段なら10から20年を要する変動が、数ヶ月から数年の短期間に圧縮されて進行させる」（「阪神・淡路大震災の社会学」第3巻、p．339、岩崎信彦ほか編、昭和堂　1999）と言われる。しかし、私たちは、大地震による被害は、単なる歴史的な時間の短縮ではなく、市民生活と地域文化の継続性を一瞬にして分断し、生存の価値観や社会システムを、根底から覆すものだと身をもって知った。だからこそ、瓦礫の山を前に、あまりにも脆く、甚大な被害を惹起した二十世紀の都市政策や経済政策、そして、防災体制に至るまで、すべての社会的ベクトルを、ドラスティックに見直し、転換することを決意した。そのことは、この10年でどう成し遂げられてきただろうか。いや、まだ緒についたばかりであるとしても、そのプロセスについて、後に続く人たちに大きく胸を張って語りえないのは無念である。

【忘れえぬこと】

火の下に息絶えし人を報じつつ取材の記者の突然嗚咽す　四日市市　栗田道子

——朝日新聞歌壇俳壇編「阪神大震災を詠む」、朝日新聞社、1995

（「震災の社会学」、黒田展之・津金澤聰廣、世界思想社、1999 p.186）

現代の高度情報化社会における情報受発信のありようが、災害発生時にいかに重要な役割を果たすかをあらためて認識した。もちろん、切迫性が伝えられる東海・東南海地震や三陸沖地震にしても、防災対策、地震予知もしくは観測情報から一朝事あるときの被害状況、救援、そして復興に至るまで、メディアの発信する情報によるところ大である。

ところで、このニューズレターを手にされる研究者、地方自治体やライフラインなど企業防災担当者、メディアや教育機関の関係者の諸氏は、本節の冒頭に挙げた記者のふるまいをどのような「まなざし」で受けとめられるであろうか。メディアに期待される冷静かつ沈着な役割行動と、ひとりの生身の人間としての情念との相克こそが、私たちの日々の生きざまそのものである。そして、このような視点の交錯の中から、多くの市民が、普段から防災や減災のために立ちあがりはじめたのである。

【おわりに〜祈念】

関西の鉄道会社広報担当であった私は、1995年1月17日未明から全線開通までの147日間、休まずライフラインとしての鉄道の被災と復旧情報を提供し続けた。毎夕、被災状況や復旧計画のレクチャーに通う記者クラブまでの厳冬の歩道橋上で、凍るような北風に火照った両頬を痛いほどに刺されようと、そのことが悪夢のような惨禍による多くの犠牲者に対する「手向けになれ」と祈る以外には何もできなかった。

翌1996年から始めたメディアとライフライン広報担当者有志による「大規模災害発生時の災害情報に関する研究」が端緒となり、(財)放送文化基金をはじめ多くの有志の助言や助成によって、2002年には「NPO日本災害情報ネットワーク」(私が理事長)に発展したのも、同じ時代を生きた人々(cohort)の想いが共有されていたからこそ可能であった。豊かな恵みの大地に抱かれて、生きとし生けるものすべてが、一方で、逃れることのできない自然の摂理として、近未来に、必ずや再び襲いくる災害時には、行政や担当部署は言うに及ばず、市民一人ひとりの普段からの弛まない物心両面の備えによって、被害が限りなくゼロに近づくことをともに願ってやまない。

1999年6月29日（火）
6.29豪雨災害（広島豪雨災害）

梅雨前線の東上に伴い6月23日から7月3日にかけて西日本から北日本の広い範囲で豪雨となった。1998年5月に施行された被災者生活再建支援法が広島県全域に初めて適用された。この土砂災害を機に「土砂災害防止法」が制定された。死者39人。

この豪雨災害を契機に土砂災害防止法が制定され、警戒区域に対する避難訓練や災害情報の伝達（同法第8条）、特別警戒区域における開発制限や建造物の構造耐力等の基準制定（同法第9条）に加えて、同法第26条、第34条により特別警戒区域（レッドゾーン）における住居の移転等の勧告が定められました。その後も、都市開発や建築等に関する法令には、災害危険地域における宅地開発の規制や建築基準強化が盛り込まれるようになっています。

現在、わたしたちが直面している「天と地と海」からの脅威に対しては、できるかぎり安全地域への移転もしくは、強固な高層建造物での生活が考え得る最善の方策です。

しかし、①移転先の物理的能力（土地や居室の手当て）、②居住地域と家屋への愛着心・定住意識などの帰属意識からの脱却、③移転・建築費等の工面、など多くの課題が存在しています。

人口減少社会に入り、空き家・空き土地が処々に存在していますが、不動産については、私権の制限とも関連し、容易に解決できない問題があります。

都市における新しい開発地域（急傾斜地等の危険地域）の居住者の多くは、20世紀後半以降の国の「持ち家政策」もあって新しく居を定めた市民が多く、先祖伝来の土地や地域への郷土愛とは異質ですが、生涯労働を通じて漸く獲得した居宅への深い思い入れがありますし、それだけではなく、「『土地の所有（having）』という近代的な法制度だけに還元できない、その地域でのさまざまな継続した意味のつながり（生活世界）のなかで生きること（being）」（廣重剛史『「そこに在ること」の意味』現代思想　特集東日本大震災10年）についての洞察が必要です。

従来型の社会福祉的発想をベースにした公営住宅等の空き室も増加し、今後は、その社会的意義づけも変化してきます。レッドゾーンに居住する市民の移転に介しては、それらへの入居を斡旋することも重要な公的施策であり、今後の公営住宅政策にも関連します。

あわせて、土地の開発計画においては、国土交通省の推進する「立地適正化計画の意義と役割（コンパクトシティ・プラス・ネットワークの推進）」と「防災」との整合性も視野に入れる必要があります。なお、住居移転費用の支援には、思い切った公的負担の増大が必要です。もし、災害により犠牲者や住居損壊等が発生すれば、その後の公的支援だけでも高額になり、砂防堰堤建設や河川改修等の公共投資を含めて考えあわせて、市民の住居移転に対する支援は、それらとの総合的な比較をすれば、相当効率的な財政運用となり得ます。このような広範な視野と全方位的な政策により、未来の安全なまちづくりを推進することも必要です。

２００４年10月23日(土)
新潟県中越地震

新潟県中越地方を震源として発生した、Ｍ６・８の大地震である。震源の深さ13㎞の直下型の地震である。１９９５年阪神・淡路大震災以来、当時としては、観測史上２回目の最大震度７。死者68人。

新潟県中越地震発生（17時56分）直後から、被災状況確認のために、新潟県庁から山古志村（当時）の村役場を呼び出し続けた衛星電話はまったく通じませんでした。翌早朝、自衛隊のヘリコプターが発見したのは、日本の原風景の一つに数えられた村落の壊滅的な被害状況でした。山古志村では、死者５名、全壊３３９棟を含む７４７棟の家屋損害という大きな被害に止まらず、無数の山崩れ、地滑りが発生し、道路は寸断され、大規模な地滑りによる河道閉塞により多くの民家が水没しました。阪神・淡路大震災以来、災害情報について「情報がないという情報」の神話が語り継がれてきましたが、今回も「情報がない」というのは、「甚大な被害発生の情報」でした。

２日後（25日）、山古志村、全村避難。

三宅島全島避難（２０００年９月２日）を彷彿とさせるように、村長以下全村民が助け合いながら住み慣れた郷土を後にする光景は、地域共同体の原型を見ているようでした。テレビ中継を見ながら、こみ上げてくる涙が抑えられませんでした。

２００７年12月23日の「帰村式」までには、３年以上の年月を要しました。

ところで、阪神・淡路大震災から10年目の春、親しかった被災者の一人から「神戸の街も人も、すっかり変わってしまいました。」という胸が締めつけられるような手紙をいただきました。

災害地では、ライフラインや社会インフラなどの生活を続けるうえでの設備的な再建は急務ですが、大きな被害を受けた被災者は、残りの一生をかけて、自立に向けた険しい道を辿らなければなりません。発災後の一時的な激情に駆られた支援に終わらず、行政と市民が手を携えて、影になり日向になり、そのあゆみを優しく「見守り、支える」姿勢が求められます。

阪神・淡路大震災で主張された「自然との共生」の意義は、西洋近代から20世紀までの野放図な環境破壊に対する反省だけではなく、さまざまな自然現象に人間と人間社会が同化していかねばならないという生来的な精神への厳粛な回帰でした。はるか祖先から生活と文化の遺伝子として受け継いできた「いきざま」への甦りでした。このところ、社会全体が、そのことを少しずつ忘れ始めている気がしています。

人間もまた、自然の一部であるという当たり前の認識が、人間の中に確かに存在した時代があった。しかし、いつしか自然との一体の環が断ち切られ、自然を凌駕し、対立に克とうとする試みがなされ始めてから、神話につながる伝統は道を失い、暗闇を放浪しはじめたのではなかったか。

（『奥会津　自然からの伝言』　山浦芳明ほか　奥会津書房　1999）

2008年5月12日(月)
四川（512）大地震

M8・0。インド亜大陸などが乗ったインドプレートは、1年間に数㎝北に動いており、ユーラシア大陸の大部分が乗っているユーラシアプレートを強く圧迫している。死者87千人、被災者46百万人と伝えられている。

中華人民共和国（中国と言う。以下、同じ。）から送られてきた空撮映像を見ながら、自然の猛威によって、揺れの激しかった地域のほとんどの家屋が倒壊し、営々として築き上げた街が壊滅する瞬間に立ち会っているようで気が遠くなりました。

特に、学校の倒壊が四川省だけでも6、898棟に上り、犠牲者全体の1割以上が教師と生徒だというニュースは衝撃的でした。人間社会と教育問題に関する多様な葛藤が現実化したように感じて言葉を失くしました。

いずれ、残されたまちの痕跡は、砂に埋もれて視界からも地図からも姿を消すことになるのでしょう。

思えば、1995年の阪神・淡路大震災後の市街地復興計画の説明会で、多くの市民から「これからもこの街に住むのだから……（しっかりと復興に取り組んで欲しい）」という願いが幾度ともなく繰り返されました。国土の狭隘なわが国では、倒壊した街の上に新しい街を築くことが一般的であり、『発災→救助→救援→復興→次の災害への備え（災害のサイクル）』を繰り返します。

中国の広大な国土（わが国の約25倍）にあっては、政府の指導によって、より安全な地域への集団移住が行われますから、郷土に対する愛着心も、わが国とは大きく異なっているのではないかと想像します。

ところで、この地震では、生き埋めになった被災者が120時間ぶりで救出されたという報道が相次ぎました。発災からほぼ72時間を、生還のゴールデンタイムと認識しているわが国と比較して、彼の国の人々の「生きる力」の強さのようなものを感じて心が波立ちました。

わたしたちは、至れり尽くせりの「ガラスように壊れやすい現代文明」に優しく抱かれた豊かな生活のなかで「生き抜く意思と力」が少々脆弱になっていることはないでしょうか。「何が起こっても負けない（死なない）強い精神力と生命力」が疎かになっていないでしょうか。いざという時、最後には、そのような精神力が命を支えてくれるはずです。

わが国の防災力の向上にあたって、他国の文化や人々の生活力、生命力の強さから学ぶべき教訓も多いとつくづく感じました。

地震を避けることはできないが、それによる死は避けられなくはない。洪水の発生は避けがたい現実だが、私たちの健康や希望、生活をも洗い流される必要はない。

（世界防災白書――Living with Risk 2007より）

2011年2月22日（火）
ニュージーランド
カンタベリー地震

M6・1。2010年9月4日（土）にもM7・0の地震が発生しており、今回の地震は、当時の震源断層の延長線上において地震空白域となっていた活断層で発生したと推測されている。死者185人、うち日本人留学生28人。

ジャスミン革命（2010年12月18日〜2011年1月14日 チュニジアで起こった革命）、霧島山（新燃岳）噴火（2011年1月27日から3月1日にかけて、13回発生）そして、このカンタベリー地震がほぼ同時期に発生したため、各マスコミの災害報道に関する優先順位や視点にかなり揺らぎがあるように感じました。

中東の革命には、世界史の分岐点としての大きな意義があります。巷間伝えられるように、昨今は、国民の世論形成には、インターネットの力が大きな役割を果たすようになりました。世界中で次々発生している王政や軍人独裁制の崩壊は、第二次世界大戦後の世界秩序が崩れはじめる兆候ではないかと感じます。また、自国内に主要な産業を育成しようとせず、石油輸出や古代文明の観光産業に依存してきた産油国における政治的経済的蹉跌が始まっているようです。

ところで、日本人留学生の被災者が多いにもかかわらず、カンタベリー地震に対する報道は、少々おざなりだったように感じました。しばらく大きな災害報道から遠ざかっていたため、マスコミにも災害に関する意識と知識と人材が希薄になっていたからでしょうか。大くくりでいえば、現地の警察や政府機関が、わが国のように、メディア向けに懇切丁寧な記者発表をしてくれないという事情もあるのでしょうが、遠く離れた地（日本）にいる被災者家族の身になった報道が望まれました。また、彼の国の民族や文化の違いも含めて丁寧にフォローして行けば、これからのわが国の災害復興にも参考になる発想や手法が発見されたかもしれません。

早晩、週刊誌が「安易な語学留学への警告」と斡旋会社や現地教育機関に対する告発記事を掲載し、そのころ、放送メディアは、犠牲者の「悲しみの帰国」を報じ、新聞は、わが国にも通じるテーマである「地震大国のビル耐震補強の実態」を警告するという報道スケジュールとすみわけが漠然と浮かんできます。

最近は、マスコミが一つの事件や事故をタイムライン（時系列）に従って徹底して追跡していく姿勢が乏しくなり、それにつれて、市民の特定の社会的事象に対する緊張感も急速に弛緩していきます。時とともにめまぐるしく移り行く事件や事故のニュースに、気持ちを奪われ、普段の「防災」に対する緊張感が緩むことのないように、しっかり意識しておきたいと思います。

＊この地震から二週間余り後に、東日本大震災が発生し、カンタベリー地震報道は、ほとんど姿を消し、国民の記憶からも薄らいでしまいます。大きな事件が起こると、その陰で見えなくなるものがあります。

2011年3月11日（金）
東日本大震災

M9・0。日本周辺における観測史上最大の地震であった。政府に史上初の緊急災害対策本部が設置された。波高10m以上、最大遡上高40・1mにも上る巨大な津波が発生した。死者行方不明者約22千人（関連死を含む）。

携帯電話のニュース速報で「仙台 震度6強」という表示を見て、誰に言うともなく口を衝いたのは「ああ、とうとう起こってしまった」でした。

平均すると37・1年周期で発生するといわれてきた三陸沖を震源とする海溝型地震の発生がいよいよ切迫してきた（前回は、1978年）という警告は、数年前から、行政広報やメディアを通じて、東北地方でも絶え間なく発せられてきました。

わが国ではじめての「発生が予告されていた災害」でもありました。いくつもの家屋や船舶・自動車があっという間に津波に押し流される映像を食い入るように見つめながら、これが世界有数の豊かさを誇った文明国の現実なのかと呆然としてしまいました。被災地の多くは、わたしがたまたま約4か月前にあてもなく彷徨った地域でした。

早くもその日の夕方には、自然科学者の一部から、このたびの大津波は「想定外」の規模だったというコメントが発せられました。今後の賠償や防災政策にも大きな影響を与えますから、このような定性的で主観的評価の公表はもう少し慎重であるべきでした。あたかも事前対策と発生時の対応が不十分であったことの自己弁護・弁解のように感じました。

「想定外」という評価についても、①発生する時期が想定外だったのか、②地震と津波の規模が想定外だったのか、２種類があります。①については、ここ数年継続して警告がなされてきましたし、２日前にも三陸沖を震源とする大きな地震が発生していましたから論外の見解ですし、②は、すぐに識者から、貞観地震（８６９年）の規模にほぼ等しい規範だったと発表されましたから決して未曽有とは言えません。「最悪の場合を想定」（災害プロアクティブの原則）する姿勢がないがしろにされてきたという悔悟しかありませんし、行政と市民双方の想像力の不足が現実化したといわなければなりません。

当日の夜は、朝まで眠ることもできず忙しくザッピングしながら恐ろしい光景をまぶたに焼き付けこれからわが国の防災は、どのように変わって行くのかを考え続けていました。また、想像を絶する被災者数のみならず、多くの殉職者（消防職員・消防団員の死者・行方不明者は２８１名、民生委員の死者・行方不明者は56名）が発生したことに激しく心が痛みました。

○３月11日を『防災教育と災害伝承の日』とするよう、東北大学災害科学国際研究所の今村文彦所長と日本安全教育学会の戸田芳雄理事長らが、２０２１年２月から提唱を始めています。
https://www.bousai-edu.jp/info/saigai-denshou/

2011年3月15日（火）
福島第一原子力発電所爆発

東日本大震災時の津波により、東京電力福島第一原子力発電所で発生した炉心溶融（メルトダウン）によって放射性物質の放出を伴った爆発が発生。国際原子力事象評価尺度（INES）においてレベル7（最悪）に分類された。

原子力発電所の建屋の爆発には唖然としましたが、ここでは危機発生時の企業広報について書き留めておきたいと思います。企業広報の基本に照らして、東京電力の広報は、いくつもの過ちを犯しました。広報発表の粗雑さは、社会に対する背信行為です。

①広報担当者が、マスコミに対して自社の原発に関する技術的説明をすることができないのは言語道断です。広報担当者は自社事業全般に関するプロでなくてはなりません。
②トップ会見が極端に少ないのは、経営者の社会的責任の放棄です。企業危機発生時は、トップが先頭に立って記者会見に臨む必要があります。広報部門が、そのように仕向けなければなりません。
③日々の記者会見に技術系管理職クラスを次々に登場させると情報の混乱を招きます。できるかぎり広報室長（責任者）が発災から復旧まで一貫して発表するのがルールです。

首相補佐官が、東京電力について、「ルーティンワークをこなす会社だから、大きな判断ができない企業体質だ」という趣旨の発言をしました。地域独占企業である電力会社は、「大きな判断ができない企業体質」ではなくて、普段からそういう判断をする必要なく、経営課題と言えば「資産運用と子会社政策」であり、一般企業のように競争優位を確保するため、絶えず改革やイノベーションを追求する必要はありません。

東京電力にとって、今回の事故は、「想定外」であり、天災（不可抗力）によって引き起こされたもので、事故処理に関しては、国の直接指導を仰いでいるわけですから、当事者意識と責任感が希薄になるのは容易に想像できます。

しかし、10mを超える津波が押し寄せた記録は、明治三陸津波（1896・6・15 死者行方不明者約22千人）にも残されているのに、10m程度の津波が易々と乗り越えるような堤防で守られた原発建設を許可してきたわが国の原子力政策における危機意識の欠如に愕然とします。また、世界では、スリーマイル島原発事故（1979）やチェルノブイリ原発事故（1986）があり、当時、52基もの原発を稼働させていたわが国が、事故発生時にどのような緊急社会システムをとるのか決めていなかったのも恥ずべき不手際でした。

企業の重要な経営政策の決定に際して、社外のステークホルダーとの接点である広報の役割は、非常に大きいものがあります。特に公益企業として、広報部門の組織や人材について、十分な配慮をしておくことが、リスクコントロールの原点といえます。

2011年6月25日

東日本大震災復興構想会議報告書

復興への提言～悲惨のなかの希望～

Towards Reconstruction "Hope beyond the Disaster"

東日本大震災復興構想会議は、東日本大震災の被災地域の復興に向けた指針策定のため内閣総理大臣の諮問に基づき設置された政策会議である。6月24日に東日本大震災復興基本法が施行された後は、東日本大震災復興対策本部の下に置かれた。

震災から3か月余りたって、東日本大震災復興構想会議報告書「復興への提言～悲惨のなかの希望」が公表されました。

約2週間後に東日本大震災の被災地の片すみで、山積みになった瓦礫のひとつひとつを直視できないくらいの圧倒的な破壊を前に、「いままで、地域防災力向上を推進してきた（つもり）わたしたちは、いったい何をしてきたのだろうか」、「このような大災害に負けない強靭な社会を構築することは容易にできるはずがないかもしれない」、「この現実に、何らかの小賢しい理論づけを試みることなどできない」……と感じた無力感は、心に強く刻まれ、今も消えることはありません。

3・11の当日、遠く広島でテレビ画面から感じた身震いと、現実に被災地に足をつけたときのたじろぎはまったく異質でした。

このことは、被災地外の多くの市民にも正しく伝えておきたいと思います。被災の実態について、被災地と被災地外の認識と意識の二分化は、決して好ましいことではありません。だからこそ、わたしも、災害が発生すれば、できるだけ早い機会に現地に足を運んできました。

ところが、この報告書の内容は、そのようなわたしの心情とも大きくかけ離れているように感じました。

――「今を生きる私たち全てがこの大災害を自らのことと受け止め、国民全体の連帯と分かち合いによって復興を推進するものとする。」（同報告書 復興7原則の7）

というフレーズには何の具体性もありませんし説得力も感じません。抽象的な言葉だけが優先して、未来が見えてこないのです。

今回の大災害によって、わたしたちが学んだ教訓、共有するべき課題、そして次世代に伝える文化を冷静に検証して、確実に市民の生きる知恵としなければなりません。

その原典が、このような抽象的な表現で、なおかつ美辞麗句や常套句で飾られたら、学ぶべき、感じるべきあるがままの姿が見えなくなってしまいます。

残念なことに、たった10年しか経っていないのに、慰霊祭では、この報告書はすでに誰の言葉の端にも上らなくなりました。

「おそらく、どんな倫理的考察よりもこの目の前の事態が、大々的に作られた神話のなかで飽食の夢を追うことをやめ、様相を変えた未来の現実性のなかで生きるすべを編み出すことをわれわれに迫っているのだ。」（ジャン・ピエール・デュピュイ「ツナミの小形而上学」岩波書店 2011）

2011年9月28日
東北地方太平洋沖地震を教訓とした地震・津波対策に関する専門調査会報告書

「徒歩による避難を原則として、地域の実情を踏まえつつ、できるだけ短時間で、津波到達時間が短い地域では概ね5分程度で避難が可能となるようなまちづくりを目指すべきである。」（報告書より）

「国家が、災害直後の対応と復興に責任を持った世界で最初の近代的災害である」と言われるリスボン地震（1755年）からの復興に際して、宰相セバスティアン・デ・カルヴァーリョ（のちポンバル侯爵）は、象徴的な広場と直線状の広い街路を造り、いざという時、市民の避難を容易にするまちづくりを強力に推進しました。

東北の被災地において、いまだそれに倣うような画期的な都市計画が打ち出されていないなかで、この報告書の書きぶりには落胆するばかりです。

現実に、多くの市民が、発災からわずか5分で何ができるというのでしょうか。特に、後期高齢者（75歳以上）の多くが、地震の揺れから5分以内に非常持ち出し袋を抱えて、素早く高地に向かって走り出せるはずがありません。

一般的・抽象的な着想から、常識で考えても不可能な目標を堂々と公表するのは、どのような心境なのでしょう。専門家である調査会委員の認識と誠意を疑ってしまいます。

行政が、市民の個別事情に深く関わらないことは統治の一般原則から理解できます。だからこそ、わたしたちは、それぞれの地域コミュニティの再生によって、緊急事態には、市民がお互いに手を差し伸べあって、個別の避難支援や救助が可能となる文化と仕組みを造ることを目標にしてきました。したがって、自治体は、「行政依存は間違いである」、「いざという時は「自助」・「共助」によって行動しなさい」と市民を突き放すのではなく、このような地域コミュニティの努力に対して丁寧に指導し、サポートしていく役割があります。

この年、台風12号（9月3日）により、紀伊半島山間部で多くの被災者が発生しましたが、当地には一人住まいの高齢者が山間を縫うように走る国道沿いに点々と分散して暮らしています。よしんば「避難指示」が発表されても、状況と時間帯によって、前もよく見えない暴風雨のなかを一人で安全に避難できるはずがありませんから、自治体の公用車が迎えに来る手はずができているそうです。

東日本大震災後に着手されはじめた東北地方での高地移転や津波に負けない強固な高層住宅の建設などの根本的な防災対策の一つとして、比較的安全な場所に高齢者や要支援者向けの強固な集合住宅を建設し、早期避難に利用してもらうような社会政策が実現すれば、台風や大雨による土砂災害等、危険が迫ってから命からがら逃げる必要はありません。

普段の防災まちづくりにおいても、未来の望ましいまちのあり方について最終的なイメージを行政と市民が十分に議論し、その目標を共有して、ともに実現を目指したいものです。

２０１４年８月20日（水）
広島土砂災害
（平成26年８月豪雨）

広島県広島市北部の安佐北区や安佐南区の住宅地などで発生した大規模な土砂災害である。秋雨前線に向かう暖湿流と不安定な大気を主な要因とする集中豪雨、線状降水帯の停滞による豪雨が原因であった。土砂災害防災法改正（土砂災害危険区域の調査段階からの公表、および指定の促進等）の契機となった。死者77人（関連死を含む）。

２０１４年（平成26年）６月29日の朝、たまたま広島のラジオに出演して、１９９９年６月29日（火）に発生した豪雨災害から15年を経たが、当時の記憶を新たにし、人的な被害を２度と起こさないように、早めに避難しよう呼びかけたばかりでした。

それから2か月足らず、勤務していた大学から２㎞も離れていない住宅地で大規模な土砂災害が発生しました。

災害は、それぞれの地域の歴史と文化に強い牽連性を持っています。ですから各地の災害は、それぞれに異なった不幸です。発災後すぐに、被災地の災害にまつわる痛ましい過去とそれを冠した旧地名がマスコミの話題にのぼりました。

したがって、災害の検証にあたっては、他地域から招聘した有識者や自治体関係者のみならず市民代表も含めて、気象情報の伝達、早期避難の実態や避難場所などについて、それぞれの被災地における文化と環境を把握し、短期、中期そして長期にわたる防災まちづくりのイメージ（構想）を策定することが求められますが、しばしば抽象的な表現や理想論の羅列に終わってしまうのは、果たして、少し意図的な部分もあるように思います。

広域、甚大な被害の大災害が発生すれば、到底、現在の「小さな政府」による「公助」があまねく手を差し伸べる余裕はありませんから、地域コミュニティにおける「自助」・「共助」は、市民がともに生き抜くための必須の要件です。

災害は、「人間と人間との争い（戦争）」とか、「人間の故意、過失による被害（事故）」ではなく、「いまだ人智の及ばぬ地球の活動と人間社会との不整合の関係」です。人間は本能的に、発生が不確実な事象については、備えを疎かにしがちだからこそ、その心根をしっかり克服して、普段から備えることが「防災」の本質です。

「防災」に関する研究やガイドライン・マニュアル等は、さまざまな機関から競うように発表されていますが、実は、「備える」・「逃げる」・「助けあう」というシンプルな論理であることを、今一度確認しておきたいと思います。

ところで、近代国家とは、メディアの発展を基礎にして市民によって支えられる「幻想の共同体」（ベネディクト・アンダーソンNTT出版　１９９７）であるというのが現代の一般的認識ですが、わが国では、先に国家という器が存在して、そのなかに市民が存在しているというのが伝統的な国体論であり、いまだに一般的認識のように感じます。それが、何事においても市民が行政依存から容易に脱却できない要因でもあることを再考したいと思います。

2015年 9月9日(水)~11日(金) 関東・東北豪雨

9月9日に台風18号が東海地方へ上陸、日本の東の海上から日本列島に接近していた台風17号から吹き込む湿った風とぶつかったことで南北に連なる線状降水帯が継続して発生した。利根川支流の鬼怒川では、昼過ぎに常総市内で堤防が決壊し広範囲が浸水した。死者20人。

わが国では、沖積平野の肥沃な扇状地に都市が建設されてきました。そして、山から運ばれる土砂により天井川が次第に多くなり、大雨による越水や破堤は都市の宿痾《しゅくあ》ともいうべきテーマです。

今回の豪雨災害でも、浸水地域のある首長が「深夜、早朝のことゆえ避難指示の発表はかえって危険と判断した。」と、いつもどこかで聞くような弁解を口にしました。本当にそれを現在の防災における市民への配慮と考えているなら大いに問題です。2014年の広島土砂災害の教訓である早期避難の勧告と指導は、この豪雨災害に引き継がれませんでした。

以前から、行政が避難情報を発表して、結果的に大きな災害が発生しなかった時、市民からの非難や苦情を回避したいという伝統的な実務レベルの意識が、避難情報発表の遅延の主たる原因であると言われてきました。

2012年のアメリカにおける巨大ハリケーン「サンディ」来襲時の対応（例えば、36時間前に大統領から非常事態が宣言され、NYの証券取引所は2日間営業を停止）と比べると、あまりにも、防災担当者の自己中心的な発想と言わざるを得ません。

わが国では、市民は、原則として行政の発表する避難情報（災害対策基本法第60条）に依って行動し、指定緊急避難場所の開設と運営は公的事業であると言う仕組みは（見直しが進められていますが）システムとして確立しています。

昨今は、地域の自主防災会が中心となって、自前の雨量計を備えたり、河川上流に監視カメラを設置したりして、行政の避難情報を待たず、自主的に早期避難を行おうとする地域も増えてきました。市民の防災への主体的な行動（「自分ごと」発想）の端緒が開かれ始めています。

また、台風のように事前に災害状況がある程度観測できる災害について、タイムライン（防災関係の公的機関が連携して災害時に発生する状況を予め想定し、共有して「いつ」、「誰が」、「何をするか」等の防災行動とその実施主体を時系列で整理した計画）を策定するとともに、災害危険区域に居住する市民も、マイタイムラインを作成して、非常持ち出しの準備を整え、早期避難が勧奨されています。しかし、それもいまだ全国的に統一した取り組みとして採用されているとまでは言えません。

心に留めておきたいのは、このような「防災」への取り組みの強弱（対策や手段の多様性は当然ですが）は、それぞれの自治体（首長の意向も含めて）における「防災」に関する熱意とほぼ比例したものであるという事実を決して忘れてはなりません。

2016年4月14日(木)・16日(土)熊本地震

4月14日（木）、熊本県熊本地方を震央とするM6・5の地震（前震）が発生し、同県の益城町で震度7。続いて4月16日（土）、M7・3地震（本震）が発生、西原村と益城町で震度7を観測した。死者273人。なお、車中泊をして静脈血栓塞栓症（エコノミークラス症候群）に罹ったとみられる被災者は、発災後一か月で51人に上った。

熊本は、学生時代から幾度も訪れてきました。

このたびは、震度7の激震がわずかな間に二度も続いた熊本地方に、10日経って漸く訪れることができました。人影のまばらな熊本城の大きく崩れた石垣と、「地域の守り神」阿蘇神社の押しつぶされた社殿の前でしばらく言葉もなく立ち尽くしました。

最も被害が甚大だった、熊本県益城町で、ねじれるように崩壊した門構えや家屋を見ながら、被災者の恐怖を想い、ずいぶん前にこの地でいったん封印したテーマが再びこみ上がってきました。

今では、「防災」の分野で共通語になっている「共助」の論理も、「自助・共助・公助」と区分された社会構造論における役割分担ではなく、人間の生きざまとしての根源的な「共生」の論理から導き出されるものだと考えるべきだと思ってきました。しかし、ほんとうの「共生」・「共助」社会を実現していくためには、わたしたち一人ひとりが、もっと心強く、もっと心広くならなければならないように思います。

高度情報社会と言われるＳＮＳの時代に入って、匿名で公然と人の心を傷つけたり、自分の考え方と異なる意見を激しく糾弾したりする風潮が顕著です。いつになったら、多くの市民が「異なるものが共に生きる道」を見出すことができるのでしょうか。まだまだ、遠い道のりを残したままです。

また、「近代産業の所業」に対する、大自然からの容赦ないリベンジともいえる災害多発時代における社会的格差と人的被害との関係について、さらに多角的に研究を進めなければなりませんし、あわせて、リスクや人的被害の背景を詳しく知る必要があります。

災害に対する社会的背景や格差は、将来の社会のあり方と密接に関係します。

被災とは如何に複合的な社会問題であるか、何のために、誰のために「防災」は存在するのかについて、あらためて問いかけました。

熊本地震（撮影：筆者）

2017年
7月5日（水）〜6日（木）
九州北部豪雨

7月5日（水）、気象庁は、福岡県の筑後地方と筑豊地方を中心とする地域に大雨特別警報を、19時55分には、大分県のほぼ全域にも大雨特別警報を発表した。7月6日（木）3時10分、大雨特別警報の対象範囲として福岡県の5市2町を追加し、福岡県の大部分と大分県のほぼ全域が対象となった。死者40人。

避難場所の開設・運営は、災害発生時の緊急社会システム（公的な組織を含めた異常時の一時な助け合いの仕組み）による対応であって、その時点（事前の避難を別にして）では、すでに被災者・犠牲者が発生している場合がほとんどです。

それなのに、なぜもっと「事前の備え」を中心にしたものにならないのでしょうか。

その理由の一つは、「防災」は、事前であれ事後であれ、市民の「安心」や「安全」以外の何らかのプラス効果をもたらすものではありません。従って、国も自治体も組織（企業を含む）も、「予算の抗弁」を主張します。

もう一つ重要なのは、阪神・淡路大震災以来、「防災」の基本理念としてきた「減災」の理念の変節があげられます。

「減災」は、災害対策基本法施行（１９６２年）から、１９９５年の阪神・淡路大震災までの災害制圧思想を見直し、「自然との共生」によって、災害発生時の被害をできるだけ少なくする取り組みを推進する画期的な発想でした。ところが、この「減災」が「災害発生前の社会を災害に強い社会に変えていく」という本来的理念から、知らず知らずのうちに、「発生後の救助、救援体制の強化」に変化してきたように思えてなりません。

防災リーダーの一部には、地道な地域コミュニティにおける人間関係を大切にする「事前防災」よりも、作業服にヘルメットを着用して緊急事態発生時の救援活動に魅力を感じる危難礼賛の風潮が存在します。これは、ウエイティング・ディザスター（災害や危難の発生を期待してしまう傾向）の一種といえます。しかし、消防士や警察官のように人命救助の専門職として高度な訓練を受けていない一般市民（ましてや高齢者）が、目前の緊急事態でやむを得ず人命救助をする場合を別にして、危険極まりない救援活動に安易に参入すると二次災害の危険すら存在します。

社会運動は、一定の時期ごとに、「根本理念（原点）」への回帰が必要なようです。災害は、あらかじめ予測された地域ではなく、思いもかけない地域で発生します。防災リーダーは、それぞれの地域ごとの危険個所や警戒区域への弛まぬ監視活動とともに、市民もあらゆる状況に対応した柔軟な判断と行動能力を高める努力をしなければなりません。

そのための第一歩として、今まで町内会（自治会）を中心に年中行事の一環として行われてきた防災訓練を、新しい発想による市民参加の（早期）避難訓練に改革することから始めて欲しいと思います。

2017年9月26日
東海地震「予知不能」発表

「現時点においては、地震の発生時期や場所・規模を確度高く予測する科学的に確立した手法はなく、大規模地震対策特別措置法に基づく警戒宣言後に実施される現行の地震防災応急対策が前提としている確度の高い地震の予測はできないのが実情である。」（平成29年8月中央防災会議専門調査会報告）

中央防災会議東海地震対策専門調査会が、東海地震の地震予知の可能性に否定的な報告書を提出しました。

「地震予知は可能か否か」と「地震予知のためには、どのような技術が求められるか」は、まったく次元の異なる問題ですが、1978年の大規模地震対策特別措置法施行以来約40年もの間、「地震予知」実現のために人材と資金をつぎ込んできた予知推進派の撤退宣言としては、もう少し誠実かつ謙虚であるべきだったように思います。

阪神・淡路大震災後に、静岡県の防災研究施設で講演したことがありますが、防災に関する一つの砦のような印象を持ちました。

たくさんの公的資金が投じられた東海地方では、「防災」に関して実に細密な想定と計画、マニュアル等を構築し、全国の地方自治体や防災関係者は、それを学ぶことで来るべき地震に備えてきました。しかし、1854年に発生した安政東海地震以来、一度も大地震の発生した経験のない地域における防災計画は、実際の災害発生時の被災地の混乱を考えると、有効なガイドラインにならない恐れがあります。

机上の災害対応計画は完成度の高さを目指しますが、状況に対応して災害状況を把握し柔軟に対応する能力を忘失してしまう危険性すら指摘されています。大災害に備える社会的仕組みやマニュアルは、できるだけ簡素化が求められます。

全国の多くの地域では、自然科学的な災害発生の「予知」など思いもよらず、突然の発生に備えてきましたから、従来からの方針を変更する必要はありませんが、「静岡に学べ」と「災害想定（DIG：Disaster Imagination Game）」や「避難場所運営（HUG：Hinanzyo Unei Game）」を採用してきた市民啓発の内容については早期に見直しが求められます。

「被害想定」は、災害対策本部員ならともかく、地域全体の被害状況などまったく把握しようのない一般の市民（自分の周囲数十メートルしかわからない）にとって、どのような意味を持つ訓練なのか不明ですがいまでも各所で盛んにおこなわれています。あきらかに、バーチャル時代の俯瞰的発想によるゲームのようです。

「防災」は、現代危険社会において、災害危険地域等の指定、都市開発計画や建築基準法の適用妥当性に始まり、地域コミュニティの運営、企業など組織体の防災対策から、個人の日常生活における備えや振る舞いまで、あらゆる社会活動の「ゴール」の構築であるべきだと考えれば、数々のガイドラインやマニュアルにも、新しい理念的背景が求められます。

2017年12月22日（金）
糸魚川市大規模火災

火災は、12月22日（金）昼前に発生し、翌日の夕方の鎮火まで約30時間続いた。焼損範囲は、糸魚川駅北側から日本海沿岸まで南北方向に大きく拡がった。主に昭和初期に建造された雁木造の商店街や木造住宅の密集地域で、強い南風により、日本海方向に延焼した。

消失家屋が147戸におよぶ大火でしたが、幸いにも死者はありませんでした（負傷者17人）。翌々日あたりから火災現場で目立ったのは、警察や消防の現場検証も終了していないのに、学界や大学などの名称の入ったお揃いのヘルメットを着用した災害研究者たちが、秩序なく歩き回り、断りもなく写真を撮影する等不謹慎極まりない行動でした。そのうえ、直情的な現地体験レポートをSNSに発表する研究者まで出現しました。

「過去にも幾度かの大火があったのにそれを防止するまちづくりがなされてこなかった」などと、宛先不明で根拠も薄い無責任な批判を繰り返して自己の存在をアピールする研究者もいました。学術研究であれば、どのような無礼な発言でも許されるものではありません。

「包帯をまくのでなければ、人の傷にふれてはならない。」（『続・氷点』三浦綾子）という言葉を噛みしめて欲しいと思います。

どこの被災地に入っても、控えめに短くヒアリングしたり、数枚だけ写真に収めたりしてきた、わたしのような小心者の価値観からは信じがたい破廉恥な行動です。科学者が最低限守るべき礼儀を忘れては、実態の把握はどんどん遠のきます。

雪国には雁木という伝統文化があります。肩を寄せ合うように家屋を接して、どんな深雪になっても雁木を通って市民のコミュニケーションが親しく結ばれてきました。それが今回の大火において消火活動の障害になったと伝えられています。密集地における消火活動には、かなり強力な消火力が求められるのは素人にも明らかですし、特に、ホッサマグナから吹き降ろす強風によって消火活動は困難を極めます。出火と強風の最悪の組み合わせをなんとかハード的に阻止する手立ては講じられないものかと考えてしまいました。

現代消防は、普段の防火活動の重要性を強調します。また、火災が起こる前に市民がどのような備えをしておくか問われています。しかし、過去の写真を見ると、歴史的大火のまちの水路はいつの間にか姿を消し、街頭スプリンクラーの設備もありませんでした。「避難指示」が発表された地域の市民に、非常持ち出しの用意もほとんどなかったと聞きます。社会全体の防災への道筋と社会的仕組みを提案することがあるべき防災研究だと思います。

糸魚川市大規模火災（撮影：甘中繁雄）

2018年6月18日（月）
大阪府北部地震

M6・1。震度6弱。①ブロック塀の倒壊　②上水道管が破裂　③家具の転倒　④エレベーターでの閉じ込め　⑤多くの帰宅困難者が発生。死者6人。

この日、わたしは、偶然にも大阪府北部の震央に近い場所にいました。5秒ほどの短い縦揺れでしたから、従来から懸念している南海トラフ巨大地震の発生ではないと直感しました。大阪近辺で地震により人的被害が発生したのは、阪神・淡路大震災以来でした。

しかし、これまで声を枯らしてきた、都市災害における「教訓の伝承」に係わる事象や現代の代表的な被災状況が如実に露呈しました。過去の数々の教訓を学び、周到に備えてきたはずでしたが、残念ながら、その成果を如実に感じることはできませんでした。発生した被害は、すべて、過去に起こった被害の繰り返しでした。

（1）小学校のプール沿いのブロック塀が倒れ、登校途中の小学生が下敷きになってなくなりました。また、大阪市内で登校する児童の見守りに向かっていた男性が民家のブロック塀崩壊に巻き込まれて死亡しました。1978年（昭和53年）に発生した宮城県沖地震で、ブロック塀の倒壊によって下校途中の児童など18名が命をなくした教訓から、危険性が指摘され続けていたにもかかわらず、そのことが正しく市民や学校関係者に伝承され、危険を除去する対策ができていなかったのは非常に残念です。

(2) 道路や住宅街では上水道管が破裂して水が噴き出し、断水や水の混濁が多数発生しました。老朽化した水道管の亀裂が原因と推定されています。21世紀に入って、社会インフラの老朽化は、国家的にも大きなテーマになっています。今後、20世紀後半の高度成長期以降に整備された社会インフラが、一斉に建築後50年を経過してきます。想定されているメインテナンス費用は、平成25年度約3・6兆円から、20年後には約4・6〜5・5兆円に増加し、公共的に大きな財政負担になってきます。

(3) 阪神・淡路大震災以来、防災の基本的な対策として強調されてきた家具の転倒による下敷きになって死者が発生してしまいました。南海トラフ巨大地震発生の切迫性が伝えられ、激しい横揺れが心配されていますが、転倒防止は確実に実施する必要があります。

(4) 大阪府近郊で地震感知による緊急停止により、約34、000基のエレベーターが停止し、うち214基で市民の閉じ込め事故が発生しました。エレベーターの途中停止の復旧作業は、都市中心街の多数利用箇所や高層ビルから始められますので郊外マンション等での救出までには相当の時間がかかります。エレベーター内に簡易トイレ等の用意が必須です。

(5) 地震の発生直後に、従業員に「本日は、無理に出社しなくてもよい」と指示した企業が68%に上るそうです。それでも夕方には、交通機関の運転取りやめにより徒歩により帰宅する人々で溢れ、淀川大橋は大混雑しました。

2018年6月28日(木)～7月8日(日)
西日本豪雨

7月5日（木）から8日（日）にかけて梅雨前線が西日本付近に停滞し、大量の湿った空気が流れ込んだため、西日本から東海にかけて大雨が続いた。7月6日に長崎・福岡・佐賀・広島・岡山・鳥取、京都・兵庫とあわせて、1日で8府県に大雨特別警報が発表され、土砂災害も各所で発生した。死者263人。

西日本豪雨は、今までの教訓に加えて、新しい課題を提示しました。

従前から行政も市民も、危険性に気づいていたが改善されずに放置して来たものが多数ありました。また、個々の被災事実は、慎重に検分すれば、当該地域の社会問題や脆弱性が顕在化したものもありました。

今回の災害の特色の一つは、大都市周辺における比較的新しい住宅開発地域で発生していることです。

(1) 都市開発に、「防災」など基盤整備が十分に追いついていかなかったことで、20世紀後半の高度経済成長と急激な都市化の負の遺産が現実化したとも言えそうです。そのように考えれば、災害は、大自然の脅威であるとともに、人間が社会生活を営む上での基本的な約束ごとをないがしろにしてきた結果でもあります。

(2) 被災地域によっては、危機管理担当部署が設置されていない小さな行政区域もあって（総務課の中に地域安全係が存在する例など）、国や包括自治体が提供する防災対策やガイドラインに倣うばかりで、地域性による対応や自主防災会との十分な情報交換ができる時間的、人的余裕が不足していました。まさに「防災の主流化」の難しさが浮き彫りになりました。

(3) 同じ地域において古くから続いてきた集落とあたらしく開発された住宅地居住者との意識や人間関係の隔たりが、市民のスムーズな避難にとって障害となった地域もありました。

台風や大雨時に、自治体やマスコミから、早期避難が叫ばれますが、「命を守る」ためとはいえ、生涯をかけて手に入れた家財を放棄して避難することがどんなに辛いことかを慮って、市民の身になった対応が大切です。テレビニュースで、道路を轟轟《ごうごう》と流れる泥水や流される自動車、土砂に押しつぶされた家屋などを目のあたりにしますと、災害の怖さと被災者の無念さへの共感が混ざりあった複雑な気持ちになります。

都市開発法制等に基づいて公的な許可を得て整備された住宅地があのように激しく破壊されてよいものでしょうか。また、小規模宅地開発では、施工事業者による防災対策が不十分であるとともに、発災後の円滑な復旧工事にも支障が出ています。

広域にわたった被災地を巡りながら、わが国の日常的な防災は、現実的な災害危険予防になり切れていない事実に打ちのめされます。２０１４年８月豪雨の被災地における砂防堰堤建設等のハード対策は少しずつ進捗していても、当該被災地以外の土砂災害危険地域や中小河川の氾濫危険地域などへの防災対策には、十分に目配りができているとはいえません。

２０１９年10月13日（日）
令和元年東日本台風
（台風19号）

10月12日（土）、大型で強い勢力で静岡県伊豆半島に上陸した。２０１９年10月25日（金）時点で確認された堤防の決壊は、関東・東北の7県で計71河川１４０カ所。死者１０５人。（なお、河川の氾濫防止に役立つのは、河床の掘削を随時行って河道の維持に努めることと堤防の強化であり、それには耐越水堤防の復活が欠かせないという意見が近頃、あらためて主張されている。自然公物としての河川の改修は、いまだ現在進化中の事業である。）

「台風19号とその大雨で氾濫した71河川の流域の大多数の地域で、浸水警戒区域のハザードマップが造られていなかった」という報道には、愕然としてしまいました。

蛇行した河川は、総量１、０００㎜に満たない降雨によって至る所で破堤し、航空写真を見れば、川の幅や流水量に比べて素人目にも脆そうな細い堤防が各所で分断されています。豪雨地帯を外れた河川においても同じような状況だと想像します。しかし、１００人以上の市民が命を失くし、一万戸以上の住宅が浸水する事態は、明らかに河川行政に関して、緊急の改善を求めるべきです。

もとより治水治山は、為政者の名声・信望を左右する大きな要素でした。戦国時代の代表的な治水事業としては、武田信玄が釜無川流域に築いた信玄堤や霞堤、豊臣秀吉による淀川沿いの文禄堤および伏見巨椋池の太閤堤などが伝えられていますし、１６６６（寛文６）年、江戸幕府は、森林の乱開発による土砂流出を防止するため、諸国に草木の根掘り取り禁止し、禿げ山に苗木植付け、焼き畑と河辺の開墾禁止などを定めた「諸国山川掟」を発しました。これは、災害の原因に眼を配る防災史上特筆すべき善政でした。

ところで、多摩川では、遊興建築物からの景観を重視して、市民が堤防の建設を差し止めた地域があると聞くに至っては言葉を失います。その地域では、生活防護として、そのような優先順位を選択してきたということでしょう。考えさせられてしまいます。

驚くべきは、政府が全国に災害ボランティアの派遣を要請したニュースでした。最近の例ですが、被災地までの無料バスを運行して、災害ボランティアを募るのは、やはり原理的な復興の理念に背くように思います。また、何日間も被災地に入って被災者を支援し続けるほど時間と資金に余裕のある人が、世間に存在することも俄かには信じがたいことです。

わが国の「防災」について、一種の湾曲や屈折現象が起こっているようにも感じますが、各自治体にＮＰＯセンターが設立され、発災時には、当地の社会福祉協議会が速やかにＶＣ（ボランティアセンター）を設置する手筈が整えられつつあります。

また、亜熱帯気候に近づきつつあるような昨今の気象状況にあって、一般企業の施設管理責任者が「土嚢を積むのを失念していました」とか「ここまで被害が及ぶと思っていませんでした」という初歩的な言い訳が通用するような、緩んだ社会と市民の危機意識を、そのまま放置してはならないことをしっかりと確認しておきたいと思います。

2020年7月3日(金)〜7月31日(金)
令和2年7月豪雨

2020年7月は、長期にわたり梅雨前線が本州付近に停滞し、東北地方から西日本にかけて広い範囲で記録的な大雨や日照不足となった。死者82人。

阪神・淡路大震災以降、「自然との共生」は、わが国の大きな社会的目標にしてきましたが、かといって市民が、現在の生活レベルを維持するため、20世紀までの自然に対する収奪を今も継続していることに大きな変化はありません。だからこそ、市民は地震、津波、暴風雨、土砂災害、河川の破堤や越水などについて、どこまで防災力が強化され、市民社会は、どこまでの備えができているかを正確に認識しておく必要があります。複数河川の合流地域におけるバックウオーターの危険性についても、速やかな調査と明示が求められます。

2016年8月、台風10号により、岩手県岩泉町において小本川が氾濫し、高齢者グループホームの入居者9人が犠牲になりました。それを受けて、避難情報における「避難準備」に、「高齢者等避難開始」が追加されました。また、2017年6月19日に施行された『水防法』及び『土砂災害防止法』の改正により、要配慮者利用施設の避難体制の強化を図るため、浸水想定区域や土砂災害警戒区域内の要配慮者利用施設の管理者等は、避難確保計画の作成・避難訓練の実施が義務となりました。

しかし、今回の豪雨では、熊本県球磨郡球磨村の「千寿園」で、大きな被害が発生しました。

①特別養護老人ホーム「千寿園」の避難計画では、「避難準備・高齢者等避難開始」が出されれば「避難等を開始する」と明記されていたそうです。
②球磨村が「避難準備・高齢者等避難開始」を出した時点で、速やかに避難を開始すれば、全員が2階にあげられたはずですが、1階でテーブルの上に乗せられたままだった車いすの14名が浸水により犠牲となりました。
③今回も「最悪の事態を想定して行動する」というプロアクティブの原則は守られませんでした（＊なお、千寿園は、2021年4月から、仮設施設で事業を再開しています）。

どのような理由によるものかは定かではありませんが、過去の事例からも、施設の管理者側に、いわゆる認知的不協和による正常性バイアスが存在したと推定できます。

それにしても、情報の周知徹底がすみずみまで行き届いているはずのわが国で、災害のたびに同じような不幸が繰り返されるのは無念です。「防災」において、危機管理の危難類型と体制が、明確になっていないことが大きな原因の一つです。いままで強調してきたとおり、基礎自治体から避難情報が発表された時点で、災害対応のフェーズが緊急事態に遷移したことを再確認する必要があります。

第二章

被災の辛さと悲しみに向きあって

「国難や国家の存亡などという大きな言葉が語られるほど、自分の居場所がせばめられていく。つくづく空しくなってしまう。元気、勇気、奮起ということばが叫ばれれば叫ばれるほど、美しくうたわれればうたわれるほど、自分の芯がかえって萎んでいく。見えるものがみな怪しい。言葉が信じられない。」

「瓦礫《がれき》の中から言葉を　私の〈死者〉へ」辺見庸（ＮＨＫ出版新書　２０１２）

大津波を阻止した高さ 15.5m、全長 155m の防潮堤
（写真提供：岩手県普代村）

何を語ったらよいのか

圧倒的な喪失感を前にしたとき、人は言葉も一緒に失うのだ、と初めて知った。
（朝日新聞　２０１１年４月13日朝刊）

被災地に立った記者が感じたように、わたしもはじめて東日本大震災の現場に立った時、「何を語ったらよいのかわからない」というのが正直な気持ちでした。

情報技術革新によってコミュニケーション技術は飛躍的な発展を遂げてきましたが、「コミュニケーション技術の発展は、究極的に人間の平和と幸福に貢献する」というノーバート・ウイナー（サイバネティクス（人工頭脳学）の提唱者　１８９４〜１９６４・米）らの願いは、いまだ実現されているとはいえません。個々の科学技術が自己完結的に発展を志向し、それらの表面的なネットワーク化は盛んですが、人間社会全体として、より豊かなコミュニケーション・ハーモニー（調和）への配慮を欠いているため、ますます情報格差や不平等が拡大しているように思います。いずれ、それが、人間社会に取り返しのつかない災厄をもたらすかもしれないという不安があります。多分、言わなくてもよいことを言い、伝えなくてもよいことまで伝えてしまう現代のコミュニケーション技術の神速の発展によるものと思われます。

被災地のあらゆる情報は、このコミュニケーション技術によって、世界中に発信され、被災地には、全国から派遣された消防隊員・警察官・自衛隊員や諸外国からの支援要員も含めて、延べ数十万人の人的、物的な資源が投入されました。

ところが、発災後3か月を経た東日本大震災の被災地に、ボランティアに赴いた神戸市民（阪神・淡路大震災の被災者）の一人が「まるで阪神・淡路大震災一週間後の状況のままじゃないか。」というやるせない感想を漏らしたと伝えました。

何を指してそのような感想を漏らしたのかわかりませんが、災害の種別や規模の違いだけではなく、阪神・淡路大震災と東日本大震災では、災害に対する国や行政の対応も、被災者の精神も、大きく異なっている現実に直面されたのではないかと思います。

阪神・淡路大震災から東日本大震災までの17年間は、わが国の「防災」についての対応も考え方も大きく変えてきました。それをどのように評価すればよいのか、俄かに判断できませんが、果たして、「防災」は正しく向上してきたのか不安が募ります。

被災地には、全国各地からの疎開の呼びかけや被災漁民への招聘は引きを切らないと言います。しかし、多くの市民は、他の被災者をおいてその地域を出て行くことに躊躇を感じるそうです。心の奥底に、仄かにその気持ちへのシンパシーを感じます。

■「癒し」は与えられるか

防災対策をしっかりすること、人災をなくすことはもちろん重要だ。しかし、誰もが、いつ、愛する人を思いがけず失うかもしれない。そんな時に、悲しみを癒す手が差し伸べられる社会とそのシステムをつくること。それこそが「震災の教訓」を真に生かすことだと私は思う。

(毎日新聞大阪本社朝刊　2004年1月17日「記者の目」)

大災害で愛する人を思いがけなく失ったとき、「その悲しみを癒す手や社会システムが本当にあるものでしょうか」いや、「そういう外的な仕組みが必要でしょうか」。

エーリッヒ・フロム(1900年3月23日~1980年3月18日　社会心理学者・独)は、「たいていの人は愛の問題を、愛するという問題、愛する能力の問題としてではなく、愛されるという問題として捉えている」(『愛するということ』　紀伊国屋書店　1992)と述べています。

多くの人は、「愛する」という自己犠牲も含めた能動的な働きかけについては疎かです。「愛」は「自ら求める」のではなく「与えられる」ものだと錯覚しています。

フロムは、「愛は、絶え間ない挑戦である。それは安らぎの場ではなく、活動であり、成長であり、共同作業である」と続けています。

涙ぐましいアタックによって、漸く、愛を勝ち得ることができた人とともに「生き合って」行く日々は、絶え間ない心の奪い合いなのかもしれないと思います。そして、ある日、思いがけず襲ってきた不幸によって、その相手を永遠に失ったとき、残されたものはどのようにしたら、その喪失感から向けだすことができるのでしょうか。いや、抜け出せるのでしょうか。

悲しみを癒す手がどこからか差し伸べられたら、その人はふたたび生きることへの意欲と希望を持つことができるでしょうか。

魂まで引き裂かれるような「悲しみ」を、他者が容易に癒すことなどできるはずがありません。喪失の悲しみは、生涯その人の心の奥底から消えることは決してないはずです。それを理解することが、災害の悲しみや辛さを「自分ごと」にする出発点ではないでしょうか。

大災害による被災者に対して、「癒す」とか、「寄り添う」という発想自体が、「与える側」から企画されているものです。そのような視点は、阪神・淡路大震災の教訓にはありませんでした。あれからの長い「防災」の歩みが、さまざまな災害と喪失の積み重ねによって、移り変わってきたことを否定しませんが、少なくとも、明日は「自分ごと」であるという緊張感は、見失わないようにしたいものです。

■悲しみに言葉を

> 喪失の物語は、われわれは互いに依存し合っているのだという考えを、そして他者の苦悩に対する共感を強めることができればと願っていることを思い起こさせる。しかし、幻想を抱いてはいけない。悲しみは、われわれが人間として経験しなければならないことの一部なのである。ほかに道はないのだ！（ジョン・H・ハーヴェイ『悲しみに言葉を』誠信書房　２００２）

この書には「災害による喪失」への言及はありません。

「災害による喪失」というテーマは、災害大国と言われるわが国の人々が深め、発信していかなければならないテーマかもしれません。

さまざまな「喪失」の場面を参照しながら、災害による喪失は、戦争や事故等による喪失と比べると、その性格がまったく違います。なんらかの人間による行為によって引き裂かれた場合には、残されたものには「悲しみ」とともに強い「怨恨」が芽生えます。その「怨恨」を解消、忘却、超克することが、「悲しみ」に対する「喪の作業」に前置されています。

それに比べると、災害による喪失は、ときに「残されたものの無力感（自らの手で助けられなかったという）」が併存しますが、多くは純粋な喪失による「孤独」と「悲しみ」です。残された者は、その「悲しみ」を、自分の力で、これからも生き続ける意思に繋げていく「たおやかな憂愁」に転換しなければなりません。

この書のタイトルである『悲しみに言葉を』は、すべての理不尽な「喪失」に対する処方箋です。「悲しみ」を自分の言葉にし、喪失者が、その事実を自分なりの文脈で語りはじめるとき、自らの悲しみへの「客観性」と「他者性」を手に入れます。

ハーベイは、「悲しみは、われわれが人間として経験しなければならないことの一部なのである」と言いきります。

喪失者を目の前にしたとき「どのような慰めと態度(グリーフ・ケア)」をとるべきかについて、人々は、悩み、言葉と行動を探しますが、喪失者自身は、決してそのような外部者の煩《わずら》いを望んでいるわけではありません。この機会に、他者の「悲しみ」について、いともたやすく言葉を飾って「共感」したり、「同情」したりする無責任性について自己批判をこめて自戒しておきたいと思います。

「どうしようもない状況にあっても、変えようもない運命　に直面しても、我々は人生に意味を見いだせることを　忘れるべきではない……」

ビクトール・E・フランクル『それでも人生にイエスという』より

■根雪のような寂寞《じゃくまく》

立ち上がろうと思いながらも、立ち上がるきっかけが見つからない人にとって〈がんばれ〉という言葉は、じつにちからづよく、ありがたいものだと思います。しかし、そうでない人もいる。そのような人に向かって、人はどうすることができるのか。そばに坐ってその人の顔を見つめ、その人の手に自分の手を重ね、ただ黙って一緒に涙をこぼしているだけ。それくらいしかできません。

（五木寛之『いまを生きるちから』角川文庫　２００８）

東日本大震災の春、ニュース番組で被災地に咲いた桜花を大写しにしたテレビ局がありました。大震災から１か月余りしかたっていない時期に、瓦礫を背景にして「明るい未来」を想起させることが、被災者への力づけになるという制作者の思いは、意図しない暴力になる可能性を秘めているように感じました。

筆舌に尽くしがたい深い悲嘆にうちひしがれる友人のそばで、「さあ、元気出せよ」と肩を叩けば、その人は悲しみから立ち直る「生きる力」を取り戻せるでしょうか。グリーフケアとは、黙って横に寄り添い、可能な限り同じ悲しみを分かち合うことによって、自分で立ち直る心の再生作業を支えることしかできません。

宮沢賢治や石川啄木だけではなく、東北に暮らす人々の文学に、私たちが特別な寂寥感を感じるのは、季節に関わらず、ほんの数日間でも彼の地を訪れた旅人の心の底にも、まるで根雪のように少しずつ積もっていく淡雪のような覚束《おぼつか》ない透明感によるものではないかと感じてきました。

古来、数十年に一回、周期的に大地震と大津波に襲われ続けてきた地域の哀切の風土なのかもしれません。

１９３３年（昭和８年）の三陸大津波による集落移転を分析した山口弥一郎は、「あの地域のイエームラの構造、職業とそれに係わる権力構造……など、わが国の地域災害文化が、市民の命を代償にした地縁的な共生と強制の結果であったことを問題にはしないのか」（『津波と村』山口弥一郎 三弥井書店　２０１１復刻）と鋭く指摘しています。

今も余所者にはわからない強い地縁・血縁関係が、被災の悲しみに勝るとも劣らない大きな力で地域における絆になっているのでしょうか。

21世紀の地域コミュニティ再生が目指しているのは、普段は素知らぬ顔の隣人たちが、いざという時にはお互いに手を差し伸べるような、「ドライ」な中にも「ホット」な市民感情を残した社会構造の整序だと主張してきました。しかし、わが国の地域コミュニティのあり方についても、もっと慎み深い考察が必要ではないか途方に暮れています。

COLUMN

「弱いところ」

「だいたい崩れるとか、崩壊と言うのは、どういうことなんですか」

そうねえ、と所長さんはちょっと間をおいて、地質的に弱いところと言いましょうかねえ、という。ふしぎなことにこの一言が、鎮静剤のように効いてわたしは落付いた。はっきりいえば、弱い、という一語がはっとするほど響いてきた。わたしはそれまで崩壊を欠落、破損、減少、滅亡というような、目で見る表面のことにのみ思っていた。弱い、は目に見る表面の現象をいっているのではない。地下の深さをいい、なぜ弱いかを指してその成因までにまで及ぶ、重厚な意味を含んでいる言葉なのだった。

（幸田文「崩れ」講談社文庫　１９９４）

阪神・淡路大震災（１９９５・１・17）が発生した年の夏、開催が危ぶまれた平成淀川花火大会（大阪市内淀川堤）で、鎮魂の白い花火二十発が、ゆっくりとした間隔で打ち上げられました。広大な淀川堤の数十万人の観客が深い静寂のなかでじっと夜空を見上げていました。あの日の恐怖や悲しみを思い出すというより、激しい揺れと破壊を生き抜いたことへの説明つかない疚しさが人々の心に刻まれているように感じました。

――白い花火は、残されたものたちのひとときの償いのシグナルなのではないか。

こうして生きていくかぎり、次の災害では、可能な限り隣人の命を救う行動をしよう、日々の暮らしのなかで身の回りに、大きな被害につながるような危険や亀裂を発見すればそれから逃れる努力をしよう。自分に残されたあとしばらくの人生の時間を、そのようにして誠実に生きて行こう。

鎮魂の花火は、毎年打ち上げられることでしょう。

我より先に逝った人たちの笑顔を一瞬の光のなかに見いだす人々とともに、わたしも滲む目で鎮魂の祈りを捧げ、半可通に生きている赦しと明日への安心を分けてもらわなければなりません。

先日、「あなたの災害に関する文章には、いつも同じ情感が描かれていますね」という鋭い指摘をいただきました。批判ではなく、また、私の感情を完全に理解してくれたわけでもないようですが、心の底を見透かされたようで一瞬たじろぎました。

大都市が一瞬にして崩壊するような途方もないエネルギーに直面した人間は、どのような心根で、それからを生き続けたらよいのか。

あれから26年経った今も、その答えは見つかっていません。

それが「弱さ」というものの本質だと幸田文は、書いているのかもしれません。

大切な忘れ物

あいつはこんなさびしい停車場を　たったひとりで通っていったらうか　どこへ行くともわからないその方向を　どの種類の世界へはいるともしれないそのみちを　たったひとりでさびしくあるいて行ったらうか

（宮沢賢治「永訣の朝」）

俄雨にたたられ、雨宿りに立ち寄った本屋でたまたま手にとった『悲しみの精神史』（山折哲夫著　ＰＨＰ研究所　２００２）に収められた「けふのうちに　とほくへいってしまうわたくしのいもうとよ」のくだりに立ちすくみました。

阪神・淡路大震災に被災し、悲しみに沈む数知れない人々と心を結びあいながら、今あらためてこの詩に気を呑まれるのは、あのとき大切な忘れ物をしてしまったままだからではないか。

阪神・淡路大震災からしばらくして、「私は、どうしてここにいるのだろうか」という遺書を残して、避難場所で自ら命を絶った若者がいました。

災害が「個人の問題」から「社会の問題」に変移したのは、20世紀の戦争がそうであったように、死者を「数」として捉え、その災害の大小を評価する時代になったからではないかと思います。そして、「悲しみ」は、社会全体の大きな「悲劇」に埋もれて見えなくなってしまいました。災害で命をなくした一人ひとりに、身を切るような哀しい別れの祈りができないまま、時間だけがどんどん過ぎていきます。

安政の大地震（１８５５年）のとき、江戸の市民は、『天が、不平等で放漫な世のあり方に鉄槌を下した。世直しが必要だ』と唱えたと伝えられています。そのような「世直し」思潮は、阪神・淡路大震災でも、東日本大震災でも大きな主張になりませんでした。人々は社会に対する怒りをほとんど口にしませんでした。

現代の「防災」が、社会的な大きなウネリになりきらないのも、隣人の不幸に対して無関心でいられるような個人の断片化がますます進んでしまったからではないでしょうか。

思えば、あのときも被災地ですれ違う人々のほとんどが怖いほどに無表情でした。そのことが、ずっと心の片すみに留まっています。

――単身赴任の一週間の仕事を終えて、金曜日の夜、上り山陽新幹線が明石に近づくと、白くライトアップされた巨大な明石大橋が見えてきます。あの橋のたもとが阪神・淡路大震災の震源だと聞いています。人間は、途方もない「悲しみ」に遭遇したら、「心をまっさら」にして、それからの新しい生を重ねていくのだとそのたびに誓っています。

（筆者のひとりごと）

COLUMN

「坂の上の雲」に思う

私はこの震災を「死者五千四百人の地震」というふうには記憶しないようにしたいと考えています。……つまり私は、「一人ひとり」のいた阪神大震災として記憶していようと思うのです。

（朝日新聞東京本社・編集局長 神塚明弘 新聞研究1995・3 No．526）

テレビドラマ「坂の上の雲」（NHK）を見ながらこの記事を思い出しました。

原作「坂の上の雲」のサブジェクト（主題）に対する番組制作者の理解を悔しく思いました。明治の群像たちが「きっとあの雲に手がとどく」と駆け上がった坂のはるか遠い空に雲は浮かんでいたというTragicomedy（悲喜劇）を、原作者がどのように伝えたかったかにはほとんど関心を示さないで、日露戦争の勝利が相手方の妄断によるオウン・ゴールであったとか、日本海軍の奇策による拾いものであったという傍論を通奏低音のように響かせているだけでは、大多数の視聴者に、当時の誇大妄想国家の軽挙妄動や市民の厭戦感情を表現するには不十分であったと言わざるを得ません。

そして、従軍した多数の兵士の一人ひとりの戦争がほとんど描かれていません。

原作も、秋山兄弟＋正岡子規の青春物語であると割り切ってみても、極寒の奉天郊外に散る幾多の無名兵士についての描写は、幾多の戦争映画とほとんど変わりませんでした。爆弾がさく裂するたびに、敵味方の区別なく飛び散る人間の肉体の破片は、悲しくも物語の背景として利用されています。しかし、「数として死ななければならなかった」兵士などいるはずがありません。そういう残虐な映像がふんだんに採用されつつ、秋山兄弟の不死身の戦いのみが劇画の主人公のように華やかにクローズアップされています。

旅順攻囲戦における２０３高地争奪戦など戦史として記述された日露戦争ではなく、個々の戦いで銃弾に倒れた兵士一人ひとりの日露戦争とは何であったのか。司馬遼太郎が描こうとした日露戦争とは、これほど無情で軽薄な物語だったとは思えません。

どんな戦争であれ、無惨な死体と敵味方に関係なくやり場のない滂沱の涙以外には何も残るはずがありません。

誤解を恐れずに言えば、それと同じような現象が最近の災害報道でも起こっているのではないか。「二万人を超える死者・行方不明者を出した想定外の大津波」とひとくくりにして、大震災ドラマの背景に記録されるだけではあまりにも無思慮です。つまり、災害との戦いは、これからも死者がなくならない限り果てしなくどこまでも続きます。

このままでは今までにも多く問題視されているような現代史における記述の誤謬にすらなりえます。

■「災害」ボランティアから「防災」ボランティアへ

１９６８年５月のフランスのゼネスト（「５月危機」）をきっかけに、世界中で大衆や学生による政治への異議申し立て運動が活発化した時代にも匹敵する若者たちの集結が巻き起こりました。まるでその時と同じように阪神・淡路大震災時、延べ１３０〜１４０万人にも及ぶ若者たち（10歳代約20％、20歳代約50％：兵庫県推計）が神戸に集まりました。

当初のボランティア活動は、それをマネジメントするような組織も存在せず、それぞれが、

①自主性・自発性・自律性
（他から強制されたり義務として行わされたりするのではなく自分の意思で行うこと）
②無償性・無給性
（雇用や身分からの自由を維持するため金銭的な報酬を期待して行う活動ではないこと）
③社会性・公益性・連帯性（共感）
（互いに支え合い、学び合い、いっしょに困難を乗り越えること）
④創造性・先駆性・福祉性
（既成の防災実践に対する批判性を持つこと）

を原則的な思考と行動の指針として、と惑いながら活動しました。

神戸に集った若者たちには、20世紀の負の遺産のとも思える都市の脆弱性や高齢化社会が現実化した被災現場において、新しい社会的価値や秩序への渇望があったように感じました。破壊と混沌の真っただなかで、悲嘆にくれる被災者に向き合いながら、彼らの「心の探しもの」は見つかったのでしょうか。四半世紀が経った今、その新しい価値は、社会文化として実現しているのでしょうか。

あの年を「ボランティア元年」と呼び、１９９８年の特定非営利活動促進法の成立により、わが国のボランティア制度は、国民的相互支援組織として法人化が可能になり、大災害時の避難地支援活動のみならず、多様な社会福祉活動の基盤として、大きな社会運動に成長しました（２０１８年現在で、５万団体を超えます）。

昨今の被災地では、自治体、ＮＰＯ、企業や学校名の入ったお揃いのビブスやジャンパーを身に着けたボランティアが目につくようになりました。また、ときとして、同じ高い志を持ちながら、組織間の主導権争いも垣間見えることがあるのは、悲しい事態です。

「善意は被災地において帰ってください。そして、災害の怖さと悲しみは、自分たちミュニティに持って帰って欲しい」。そして、「災害ボランティア」ではなく、「防災ボランティア」として、災害現場のボランティア経験から得た教訓を、それぞれの地域コミュニティの防災力向上に活かして欲しいと願っています。

COLUMN

『青の洞門』

槌を下してから21年目、延享三年（1746）九月十日の夜であった。力を籠めて振り下した槌が、朽木を打つが如く何の手応えもなく力余って、槌をもった右の掌が岩に当ったので、彼は思わず声を上げた。その時であった。了海の朦朧たる老眼にも月の光に照らされたる山国川の姿が歴々と映ったのである……。

（菊池寛「恩讐の彼方に」1919）

半世紀ほど前の学生時代、台風が大暴れする年の夏、大雨に祟られながら、僧禅海（小説では了海。以後、了海と表現する）が、30年（小説では21年）を費やして掘削したと伝えられる大分県中津市本耶馬渓町の「青ノ洞門」に辿り着きました。

江戸時代、通行人は、川に面した岩壁に設えられた鉄の鎖を命綱にした「鎖渡し」と呼ばれる危険な道を通っていたそうです。この小説は、諸国巡礼の旅の途中、耶馬渓へ立ち寄った了海が通行人が命を落とすのを見て、洞門（トンネル）を掘ろうと一人で岩盤に挑んだ実話です。

菊池寛は、了海を実之助の父親を殺した凶状持ちとしています。

「恨みや仇討ちという現世の心と掟が、どんなに利己的で小さなものであるか」と、「仇敵を討つなどという心よりも、成し遂げられた社会貢献」によって、自然と人間、人間（了海）と人間（実之助）の関係が変化することについての究極の問いかけです。

思うに、了海は、この洞門を掘る作業に、自分の罪の償いを願ったのではありますまい。彼の心から、人を殺める大罪を犯した苦悩と仇討の恐怖がひとときも消えることはなかったでしょう。この掘削は、自分に課した現実逃避のための艱難辛苦ではなかったか。辛ければ辛いほど、肉体が蝕まれれば蝕まれるほど、己の犯した罪に攻め立てられ続けたのです。それは、あたかも「捨身飼虎図」（法隆寺・玉虫厨子）の思想に重なります。

さらに、親の敵《かたき》として了海をひと思いに切れなかった実之助の葛藤が胸に迫ります。「敵を討つなどという心よりも、このかよわい人間の双の腕によって成し遂げられた偉業に対する驚異と感激の心とで、胸がいっぱいであった」という激情から醒めたのち、実之助は、了海の弟子となって仏の道に入ったと語られています。

この小説を読み返しながら、「防災」には、了海や実之助のような捨身の心がなければならないのではないかと思います。

いざという時、避難のために支援が必要な人を背負うため、黙って背中を差し出す行為は、人間としての深い苦悩を知る人のかけがえのない尊い行為です。そして、わたしの知る限り、いつも無名の市民がそれを実践してくれました。

■既視感からの脱却

いつも被災地に立つと「あの時、あの場所」と変わらないというデジャブ（既視感）にとらわれ、嗅ぎなれた匂いとともに強い慙愧の念に襲われます。もう二度と経験したくないと思い続けている、足元から崩れ落ちていくようなやり切れなさに胸がしめつけられるようです。

地球温暖化だけではなく、人知の及ばぬ太陽系惑星の活動によって、ここ数十年、災害の多発はもはや逃れることのできない時代にあって、豪雨、河川氾濫、洪水そして土砂災害については、すぐれた観測機器の開発により、ある程度の事前予測ができるようになりました。しかしそれを活用して気象官署から警告がなされたら、自治体の担当部署からの避難情報により危険地域に居住する市民から、速やかに安全な場所に退避する社会システムがいまだに確立されていないことは、現代「防災」の隘路のひとつです。

ところで、人間の心身のバイオリズムも、季節の変化とシンクロナイズ（同調）していますが、昨今の異常気象によって季節だけが早く通り過ぎたり、その時節に相応しい景色を見失ったりしますと生理的、精神的バランスを崩してしまいます。そのような社会的不整合や肉体的アンバランスが、災害のみならず、さまざまな社会的不幸の多発に繋がっているように思います。新型コロナウイルス感染症のパンデミック（世界的大流行）によって、社会生活のありようが大きく変化している今こそ、人々の毅然とした言動が求められています。いずれパンデミックが鎮静化したとき、この数年の人間社会の悲惨な状況をどのように評価し、次に備えるのかが問われるはずです。

ところで、災害多発時代であっても、復興に際しては、「これからどのような社会を創り上げようとするのか」という市民の議論（阪神・淡路大震災からの復興でも主張された「物語復興」の発想）を活性化させ、まちづくり計画と目標を立案し、地域防災力の向上（「共助」社会）を実現する木目の細かいプロセスが必要です。

そして、未来社会で予想される社会状況（少子化、高齢化）において、あらゆる災害からの完全解放を果たすようなまちづくりを実現するため『国土のグランドデザイン（国交省）』を強力に推進する「国家百年の計」という視点です。

わが国の１９１０年（明治43年）における人口は約５千万人でしたが、資源も少なく、狭隘な国土にもかかわらず、この１００年間に約２・５倍にまで人口を増加させたことが、大きな生活環境負荷要因として、現在と未来に横たわっています。

これからの縮小社会において、22世紀に予想される人口５千万人のバランスの取れた国家を創造するためには、歴史の歯車を逆転させるほどの勇気と決断が必要だという覚悟が求められます。

COLUMN

記憶のゆくたて

われわれは後ろを振り向く必要がありはしないか。（中略）どれほどの忘却のなかで、どれほどの記憶が潰えたかもまた、想起されるべきであろう。その犠牲の上に、現代はあるし、未来もある。

（『記憶のゆくたて』武邑光裕、東京大学出版会、2003）

人間は、古くからその営みの記憶を記録装置に容易に保存する方法を手に入れました。その嚆矢が、蔡倫の発明した紙と文字であり、現代では、半導体の主材料であるケイ素（silicon）と二進法bit（binary digit）によるデジタル・アーカイブです。

わたしたちは、記憶をそれらの無機質な物質に一瞬のうちに閉じ込めて保存することで、日々、積み重なっていく厖大なできごとを紙と文字で記録する負荷を軽くしてきました。しかし一方で、記憶によって、地域文化が意味づけられるという事実を忘却しました。

「そこには、大きな流れがあった。曲がりくねってはいるが、過去から未来へと流れる大きな流れである。記憶は常に前を向いていた。」（同上）

デジタル・アーカイブの出現によって、いままでとは比べものにならないボリュームで過去の記録を手にすることができるようになりましたが、アーカイブ（重要記録を保存すること）には、人間の記憶の持つ歴史的、人間的な意味と価値は保存されていません。

記録には、その時点の人々の喜びや悲しみ、悔恨や怨念は保存されないのです。

ナショナル・ヒストリー（国史）の解釈が、時の権力による恣意的文脈で提示されても、すでに記憶を喪失してしまった国民は、言われるままに認容するしかありません。

あらためて人間の精神史、文化史としての『記憶のゆくたて』を見据え、過去からの記憶の流れを、国家も、組織も、個人も、それぞれの文脈で再構築（再記憶化）する営みが必要です。その作業によって、過去のさまざまな出来事が、どんな未来を約束していたかが見えてきます。

そして、そこで示唆されていた未来とそれが現実化した現在との乖離を見極めて、必要ならば、今あゆんでいる道を糺さなければなりません。

わたしたちが推進している「防災」についても、原点に戻って、顧みる視点が必要な時期がきています。

「すべて原因は、過去にある」、「未来は、今つくられている」ことを忘れるわけにはいきません。

■防災の未来

わたしの短い一生において、すでに二回のカタストロフィ（大災害）に遭遇し、また、明日にでも、南海トラフ巨大地震など次の大災害が発生するかも知れないという不安に囚われる日々に、このところ気分が滅入っています。

心にわだかまっているのが、発災からまだ10年しかたたない東日本大震災の被災地で「みなさんが最も恐れているのは何ですか」というマスコミの問いかけに、「忘れ去られることです」と応えた被災者の声と心情です。

復興担当大臣を任命し、国民から広く復興税を徴収してまで、彼の地の復興に務めてきたはずなのに、「私たちを忘れないで欲しい」と言われる現実をどのように理解すればよいのでしょうか。

近畿地方の片すみで逼塞しているわたしの思いなど中央政府に届くことはないでしょうが、「このままでは、わが国の国民はもっと不幸になる」と声を大にして伝えておきたい。

わたしの知る限り、災害復興から、「心」と「希望」の復興が忘れられています。近年、大きな災害が次々に発生することもありますが、復興に向けたハード対策のみならずソフト対策として、被災者に対する適確な支援と心のケアが疎かになっているのではないか。

被災者への公的ケアは、時間の経過とともに、多くが危機管理担当の手を離れ住民福祉部局に移管され、それぞれの災害について規模や経緯の詳細を十分に認識しない担当者が、機械的に平等原則と比例原則に則って対応します。

わが国のような災害多発国においては、個別の被災者ごとに、「事前防災から自立まで」一貫した支援が必要です。このたびの東日本大震災の被災者の心の叫びを、その発言者個人の意見として聞いたのでは、これからの対応に不安が募ります。

被災は、社会国家の福祉政策ではなく、主要な国民保護の一環として厳粛に遂行されるべきものです。

わが国の「防災」に欠けているもの、忘れられているもの一端が見えてきたような気がします。

20年ほど前、しばしば大阪の某ホテルのバーで出会い、親しく教えを受けたことのある作家小松左京氏は、死の直前、「もう少し生きて、わが国の未来を見たかった」と言い残したそうです。

わたしも、今、切実にそう思っています。

もう少し生きて、わが国の行き先を見極めたい。数々の試練によって大きく変容するであろうわが国の統治体制について――。

COLUMN

義務について

「そうすることが私の義務ですから」と、ゆたかに、他者のための、あるいは公の利益のための自己犠牲の量を湛えて存在している精神像以外に、資本主義を維持する倫理像はないように思うのです。でなければ、資本主義は、巨大な凶器に化するおそれがあるとお思いになりませんか。

（司馬遼太郎『春灯雑記』（朝日新聞社、1991）

約3万年前、先人たちが漸く、極東の弓状列島に到達して以降、しばしば思いもかけない自然の猛威によって、すべてを奪われ悲嘆に暮れて数日も泣きあかしたら、ゆっくり立ち上がって、ふたたび粛々と生きてきました。その連続性の中に、今があります。

しかし、世界的に人口が増加し、自然の恵みを収奪して生活を豊かにする知恵を手に入れはじめると、森を砂漠に変え、化石燃料を掘り出し、二酸化炭素をためらいもなく大気中に放出してきました。わたしたちの先人も、それに倣ってきました。

その結果、地球温暖化による異常気象は、いよいよ人間生活の安寧を根底から脅かしつつあります。

阪神・淡路大震災によって、20世紀の放埓な産業活動の反省から「自然との共生」という崇高な精神を思い起こしましたが、それもつかの間、従来の「行き方」を転換するどころか、ふたたび無限成長への歩みを加速させてきました。

数千人が命を失い、瓦礫の山になった大都会を前にしても、巨大な津波によって2万人を超える多数の人命が奪われても、ひたすら走り続けた結果、とうとう、新型コロナウイルス感染症によるパンデミック（世界的大流行）によって、自然から厳しい叱責を受けているといっても過言ではないでしょう。にもかかわらず、根幹の思想である資本主義が、現在、率先して何くわぬ顔で総花的なＳＤＧｓ（Sustainable Development Goals：持続可能な開発目標）の旗を振っています。

わたしたちも、自然からの略奪の共犯者であるという批判から逃れようがありませんが、このまま地球の存続すら危ぶまれるような事態になるまで、節度を忘れた欲望の追求を止めないならば、たいへんな過ちを犯すことになります。

そろそろ、行き過ぎたグローバル化やＦＴＡについても、めまぐるしく進歩するデジタル化による行き過ぎた仮想現実にも歯止めが必要です。

司馬遼太郎は、30年も前にそれを「資本主義の義務」と言う形で警告しました。

すなわち、未来に向かって、社会活動のすべての仕組みと思考を倫理的に変えていくことでしか、この社会を人間中心のより安心・安全なものにする基盤は確立しないのではないかと――。

第三章

新しい地域コミュニティの創造

「社会がすべてをシステム化し、制度化し、効率化することばかり考えていたら、コミュニティは、再び管理社会になる。……しかし、コミュニティは、他方で、新しい市民生活を創造するための手段にもなる。小さなコミュニティで人間同士が共同しないで、大きな問題に対して、何ができるというのだろうか。」

（山下祐介『リスク・コミュニティ論』弘文堂　2008）

広島土砂災害（撮影：筆者）

資料2　現代の防災思想と望ましい方向

□（太線枠内は緊急事態としての対応）

国・自治体（公助）		
国	包括自治体	基礎自治体
①近代国家として、市民の生命財産を守る精神は不可欠である（パターナリズム）。 ②「減災」を超克して、災害死「0」を目指す。 ③災害危険地域の明示と優先避難の仕組づくり		
・国民運動（啓発） ・災害法制の整備 ・ガイダンスの作成	・市民運動（啓発） ・基礎自治体支援 ・気象情報等の伝達 ・基礎自治体への協力と支援	・市民運動（啓発） ・防災リーダー養成 ・自主防災組織 ・個別避難計画作成 ・地区防災計画促進 ・情報伝達手段整備 ・避難所整備 ・企業との包括（防災）協定
・特定災害対策本部 ・非常災害対策本部 ＊各種救助隊の事前派遣	・気象情報伝達 ＊各種救助隊の事前派遣要請	・高齢者等避難 ・避難指示 ・避難所開設 福祉避難所 指定緊急避難場所 ・広域避難調整
・被害状況の把握	・被災状況把握 ・避難所開設	・被害状況の把握 ・避難指示 ・緊急安全確保
・各省庁の広域救助	・自衛隊 ・警察	・消防 ・消防団
・各種災害支援法制定・改正・適用 ・災害検証会議	・国民救助法適用 ・被災基礎自治体への支援 ・復興住宅建設 ・災害検証会議	・被災者自立支援 ・広域相互強力 ・復興住宅建設 ・災害検証会議

	市民（自助）	地域コミュニティ（共助）	
		自主防災会	企業
基本理念	①自由主義市民の自己責任 ②行政依存からの脱却	①災害への初期対応 ②社会資本の充実の基盤	
事前防災 （平時）	・自宅の安全確保 ・非常持ち出し準備 ・避難所確認 ・家族の話し合い ・マイタイムライン ・各種保険 ・個人備蓄	・過去の災害を知る ・地域安全点検 ・地域防災マップ ・個別避難計画 ・危険箇所の改善 ・優先避難地域の明示 ・地区防災計画 ・一時避難所	
発生の おそれ	・家族等の連絡 ・避難優先地域、早期避難 対象市民から早期避難	・地域の安全確保、監視 ・危険箇所の点検 ・早期避難の呼びかけ ・要支援者個別避難支援	
地震 発生	・避難行動 ・緊急安全確保措置	・避難地域の保安点検	
救助 救援	・ボランティア受入れ	・被害情報の発信 ・受援力 ・ボランティア受入れ	
復旧 復興 自立	・自立への努力 ・住居移転	・避難所運営支援 生活避難所 仮設避難所 借り上げ避難所	

原点と構造

★ 自分と家族の命を守る

①家屋の補強、備蓄、家具転倒防止、非常持出、避難経路確認など
②家族との話し合い（てんでんこ避難、避難場所の取り決め、重要な電話番号記録など）
③早期避難の実現
④損害保険等被災への備え
など

補充性の発想

行政による個人や市場への介入は最低限とすべきという新自由主義の考え方

公助

★ 市民防災活動への支援

①平時の住民への各種防災情報発信（ハザードマップ・危険個所の表示など）
②気象情報、避難情報の適宜・適切な伝達
③被災者の救助／救援
④避難所開設・運営／仮設住宅・復興住宅
⑤被災者の自立支援諸施策
など

【制作：筆者】

防災活動の

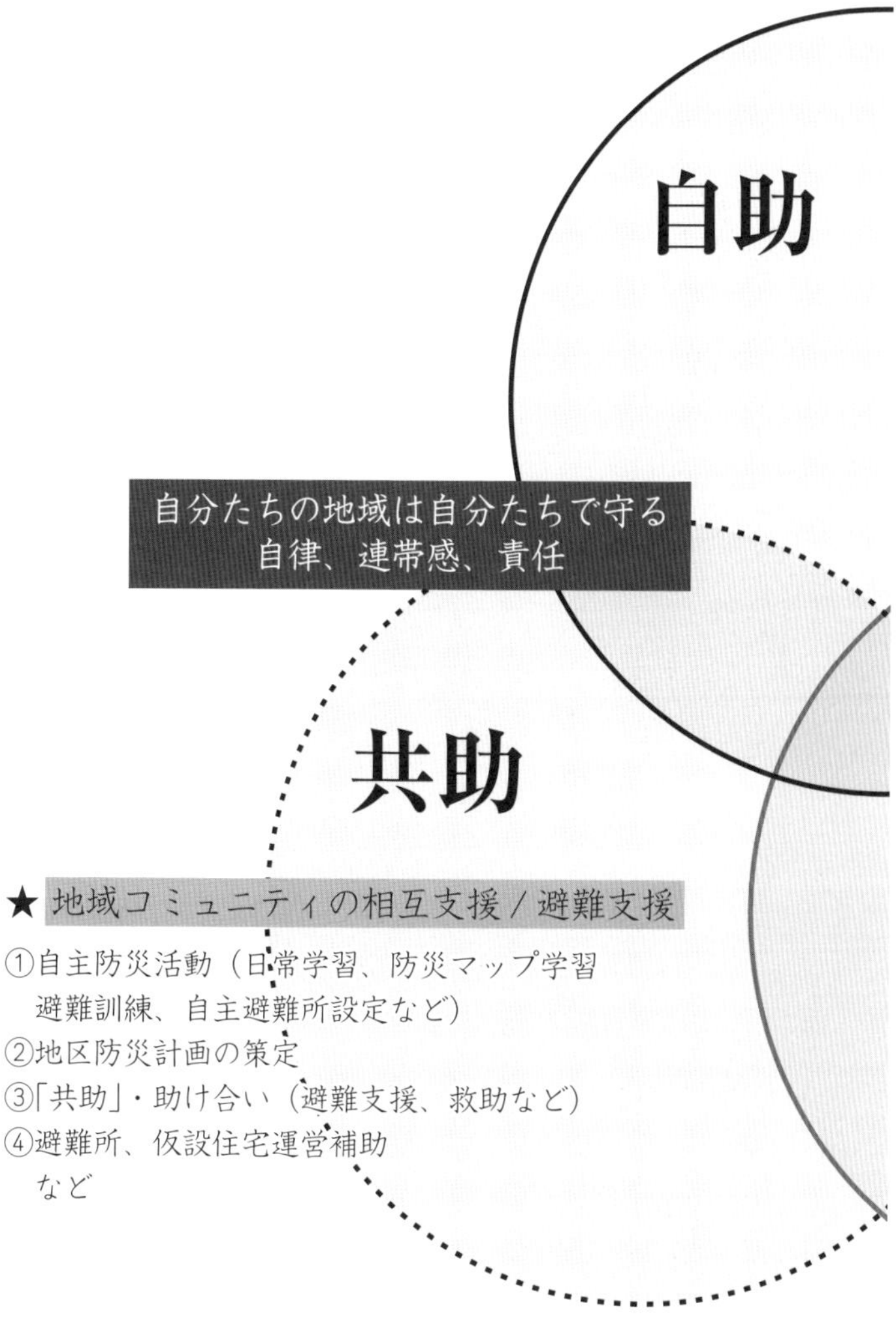
自助
自分たちの地域は自分たちで守る
自律、連帯感、責任
共助
★地域コミュニティの相互支援／避難支援
①自主防災活動（日常学習、防災マップ学習
避難訓練、自主避難所設定など）
②地区防災計画の策定
③「共助」・助け合い（避難支援、救助など）
④避難所、仮設住宅運営補助
など

地域コミュニティとは

震災後の時間と空間は、私たちの感覚を徐々に組み替えつつある。試みられているのは、出鱈目でばらばらに降りかかってくる困難を、それでも関連する一続きのものとして捉える感覚の錬成であり、もつれた現実の関係性のなかに問いを求め、具体的な介入の回路を探すことだ。

（「現代思想」２０１４　３月号　編集後記）

東日本大震災から10年、地域防災、エネルギー問題、観光立国など多角的にわが国のありようを見つめ直してきました。そして、市民防災のポイントは、地域コミュニティの再生だと確信しています。

「地方公共団体の市民は、自ら災害に備えるための手段を講ずるとともに、自発的な防災活動に参加する等防災に寄与するように努めなければならない。」（災害対策基本法第７条第２項）という規定は、現在の地域防災においてどのような意味を持つのか。立法者が、災害対策基本法に市民の努力義務を規定した当時は、市民への一定の留保的意味しかなかったでしょうから、その条文を根拠に、自主防災活動が全国で活性化していく現在の事態についてのパースペクティブ（展望）は持ち得なかったでしょう。

地域コミュニティ論は、「個人主義の行き過ぎを糺す」という半情緒論から、新しい統治の思想まで多様であり、21世紀の社会システムとして、どのような仕組みを目指すのが、市民にとってより幸福かつ安全であるものとなるか議論のあるところです。

個人が没個性化・大衆化・水平化（キルケゴール「死に至る病」）・画一化された現代においては、地域コミュニティにおいても、無責任な内部傍観者によって、リーダーの主体的活動意欲が失われる事態も多発しています。このままずるずると「殺生を嫌う仏教と血をけがれと見なす神道」によって導かれた自然観と災害観によって、運命に弄ばれる人間存在への諦念（運命観）に身を委ねることになってはならないと思います。

地域コミュニティの全員が「善き人間関係」によって親しくつながるというのは、戦前のような強力な行政指導や法規制をしない限り、夢物語であり不可能です。また、現代社会でその役割の重要な部分を占める「防災」に無関心な層を批判したり、参加を強制したりすることも、一方の側にいる人間の横暴です。もっと広い心で、いざその時の相互救助につながるような「緩やかな」社会文化と人間関係が求められます。

それをどのようにつくり出すのか試行錯誤の連続です。しかし、放置しておけばそのうちできるものではありません。

COLUMN

Strangers（見知らぬ人びと）

古代語のなかでもラテン語では、見知らぬ人びと（strangers）と敵（enemies）とは単一の言葉で示されていた。我々は、次第に、極めてゆっくりと、長い試行錯誤の道程を経て、見知らぬ人びとと敵とを区別するようになり、また、ある特定の状況においては見知らぬ人びと（しかし敵ではない）は、我々の歓待（hospitality）や援助（assistance）や善意（good-will）に価する人びとであるかもしれないことを認めるようになった。

（マイケル・ウォルツァー　プリンストン大学高等研究所教授　"Membership"１９９２）「市民社会と近隣自治―小さな自治から大きな未来へ」（小滝敏之　公人社　２００７より）


見知らぬ人というのは、そもそも「敵」だったのです。

そういえば、子どものころ、「見知らぬ人について行ってはいけません」と言われていました。

ウォルツァーの言葉は、地域コミュニティの再生をあたかも人間の本性が求める行動であると捉えようとしてきたわたしには大きな衝撃でした。時間をかけてお互いの心を溶かす時間を経れば、コミュニティは拡大し、安心空間になっていくはずでした。しかし、いままで批判的に観てきた市民同士の敵対意識というのはあたりまえのことだったのです。組織やコミュニティのマネジメントを、この視座から出発すれば、人間関係のさまざまな諍いやトラブルについて、もっと前向きに捉えた解決ができるように思います。

当然のように語られている災害時の「共助」は、人間の生来持っている善意の発露による協調ではなく、相互に嫌悪しあう人間の本性を意識的に乗り越えることで達成できる「新しい公共」のありかただと考えましょう。

時代が変わり、社会が移るなかで、戦前のような地縁の強化ではなく、ｄｒｙな人間関係への転換による軽やかで、平等であることを中心としたコミュニティが求められるのは、まさに、従来からの地域共同体におけるような、見知らぬ人同士の「協調」という仮想関係を乗り越えるための手法であると言えるのではないでしょうか。

まさに多様な発想や人間関係を尊重する現代社会においては、それぞれの心の安寧のために、当然に承認されるべき工夫です。

災害時の「共助」のために、地域コミュニティが再生されるのではなく、地域コミュニティが再生されていくなかで自然に災害時の「共助」が生まれてくるというわたしの発想は、甘すぎるようにも思いはじめています。

■地域コミュニティの再生へ

……先輩の失敗を知っている我々は弁解することができない。もし先輩たちと同じ失敗を繰り返した場合、我々には弁解の余地がない。

黒田清（ジャーナリスト）

地域コミュニティの大切さについては、民俗学者をはじめとして何世紀にもわたって地道な研究が深められてきましたが、現在に至るも防災学界ではほとんど触れられません。

昨今の「人」と「社会」と「環境」の激しい変化のなかで、多くの防災研究者は、地域防災力については、常套句のように「共助」に言及するだけです。

「菊と刀」（ルース・ベネディクト 1946）、「タテ社会の人間関係」（中根千枝 1967）、「地域コミュニティ〜社会学的研究社会生活の性質と基本法則に関する一試論」（R.M.マッキヴァー 1981）や「敗北を抱きしめて」（ジョンダワー 2001）の埃を払っても、危機発生時の「共助」の受け皿となる地域コミュニティ再生への道筋を具体的に示唆した研究に出会えていません。

「地域コミュニティを行き交う知とは何か」、「地域コミュニティにおける知のコンテンツとコンテクスト」について、「現実とは編集された事実である」、「どんな形式知も、後背に流れるコンテクスト（暗黙知）によって影響（もしくは既定）される」という原点から始めなければなりません。

昨今の若い防災研究者やノウハウ本の著者の多くは、災害による非業の死を現認したこともなく、防災グッズをはじめとする流行の小道具によって、災害から命を守る「バラ色の未来」を語ります。しかし、「防災」を市民文化に定着させるための地に足の着いた活動を疎かにしてはなりません。増加するひとり暮らしの高齢者や避難行動要支援者に対して、いざという時、隣人がためらいなく手を差し伸べることのできる地域コミュニティを目指さなければならないのです。「防災」とは、「災害弱者のために行う市民の社会的営み」であるとも言えます。もう一つの重要なポイントは、支援される側（者）の気持ちの持ちようと作法です。どんな危機にあっても、その二つが噛み合ってこそ「命を守る」ことが円滑に達成されます。

■町内会（自治会）の変遷

・律令時代⇒五保制度
・秀吉以来～江戸時代⇒五人組
・明治⇒市町村合併で残った「行政区」は、町内会（市）、部落会（町村）へ移行

1943（昭和 18）年　町内会・部落会の　下部組織「隣組」を強制
1947（昭和 22）年　ポツダム政令 15 号　町内会・部落会について「戦争協力組織」として廃止命令
1952（昭和 27）年 4 月 28 日　サンフランシスコ講和条約発効・占領終了
＜町内会・自治会の自然復活＞
1971（昭和 46）年「コミュニティ（近隣社会）に関する対策要綱」（自治省）
1991（平成　3）年「地縁による団体」の認可…地方自治法の改正（260 条の 2）

反防災論

「防災」についての対症療法的なノウハウは盛りだくさん提唱されていますが、災害大国に生きる国民として、日頃から心得ておくべき基本的な「生き方」の心得については、ほとんど触れられることがありません。

社会統計上は、災害で命を失うより、交通事故やけが等で命を失う確率のほうがはるかに高い時代です。その現実からは、「防災」への取り組みの優先順位を最上位に上昇させることは合理的とは言えません。従って、近年、頻繁に襲ってくる災害による「不幸」に対してどんな姿勢で臨むのか、それぞれが「自分ごと」として決めておかなければなりません。

自動車については、交通事故の恐れよりも利便性を優先したように、災害については、運を天に任せて無関心で過ごす（もし遭遇したら諦める）のか、自分なりに万全の防御＝備えを行うのか選択することが求められます。自己責任というのは、自分の人生の行き方として、いつ（When）、何を（What）、どうするか（How）という選択と判断が問われる、いわば人生設計図の描き方です。

災害時に、自分にとって都合の悪い情報を無視したり、過小評価したりしてしまう人の特性（正常性バイアス）は、昨今の行政や一部研究者の指摘するように、大きな間違いとか身勝手と言えるでしょうか。「命」を形《かた》にとって、そういう人を避難場所に引っ張り出すことが、社会的パターナリズム（温情主義）としても許されるものでしょうか。そのような視点からの考察もないがしろにしてはなりません。

もうひとつ、よく考えなければならないのは、現生人類が、約３万年前からこの国に住んで、今もなお災害の危険を身近に感じたまま、時にはそれに翻弄される生活を受容してきたのは、そのような「生き方」をそれなりに受け入れてきた社会と精神が厳然と存在しているという事実です。

わが国の現代防災の過ちのひとつは、個人的事情（判断）と集団的価値観を強引に一致させようとする不条理です。現代社会では、市民一人ひとりが、「自分ごと」として、防災の備えと「命を守る」行動を取るように教育されています。本当に、それがわが国の国民の生きる道なのか。権力者の思いつきの幸福論にように感じることがあります。少なくとも、「自分ごと」という発想は、他人に言われて会得するものではありません。

ひょっとすると、いまだ誰も到達していない「自然と人間との関係性」や「人間の命に対する摂理」についての考え方があるかもしれません。有無を言わせない防災至上主義ではなく、そのような根底に遡った人間研究がさらに必要です。

COLUMN

三つの防災文化

防災文化を、三つに区分してみましょう。

一つ目は、後天的に学ばれるもの（学ばれる文化）
二つ目は、社会の成員が共有するもの（共有する文化）
三つ目は、次世代の人々に伝達されるもの（伝えるべき文化）

阪神・淡路大震災時、がれきに埋まった道路は、すぐに救急車などが通行できず、生き埋めになった人を助けるためには、「自助」・「共助」しかありませんでした。市民が主体的に防災に取り組むべきだという気づきは、行政依存からの脱却と同じ地平にありました。

わが国の防災の主要課題は、阪神・淡路大震災の時に、ほとんど出尽くしたと考えています。それを達成していくのが現在の「防災」であると言っても過言ではありません。阪神・淡路大震災は、その意味でまさに「学ばれる文化」でした。そして、その学びを知恵に変え、人類が「共有する文化」にしていかねばなりません。

昨今の防災に関する市民啓発と言うレベルは、表層的な行動に対する臨床的なマニュアルの提示でしかありません。それを、防災文化として社会生活に埋め込むことが求められています。そのうえで未来に「伝えるべき文化」とする必要があります。

例えば、建築基準法上の耐震強度の強化（１９８１年）は、国民の生活と命を守る強固な砦となりました。わが国の「防災」の歴史に残る重要な決断でした。

ところで、チャールズ・ダーウィン（１８０９年2月12日～１８８２年4月19日、イギリスの自然科学者）は、生物の生存は「唯一生き残ることができるのは、変化できる者である」（自然淘汰説）と主張し、環境に適合して生存しつづけることができるためには、「さまざまな外的環境によって自ずと変化していかなければならない」と指摘しました。これは、生活文化のありようにも適合します。

21世紀は、現代産業社会の「負の生産物」としてのさまざまな危険が、私たちの生活と精神を大きく蝕みはじめている「危険社会」（ウルリヒ・ベック １９９８）です。ましてや、南海トラフ巨大地震の切迫性や新型ウイルス感染症によるパンデミック（世界的大流行）に襲われている現代は、社会の仕組みを危機管理システムへ転換しなければなりません。

自由主義社会において常に闘わされてきた「自由主義と危機管理システムのトレードオフ」という教条主義的な権利擁護論に関しては、その時代に優先順位としてどちらを取るのかと言う基準で判断する事柄です。その判断の基準が必ずしも「命」でないことには先に触れたとおりです。

■「行政依存」からの脱却

阪神・淡路大震災時、「公助」を遂行するための諸機関も大きな被害を受け（警察署・消防署等）、道路が瓦礫で埋まったなかで、可及的速やかに被災市民に十分な救助・救援の手を差し伸べるのは事実上困難であり、市民の「共助」によって、生き埋めになった隣人の命を救うことが不可欠であることが確認されました。

21世紀に入って、わが国では少子高齢社会がますます進行し、社会がダウンサイジング局面に入り、「公助」の役割と限界が問われるなかで、行政と市民との新しい関係性の構築が模索される時代になってきました。

特に、「防災」のありようは、直接国民の「命」かかわる重大なテーマです。このような時代の変化にともなう「公助」について、中央防災会議ワーキンググループ報告書「平成30年7月豪雨を踏まえた水害・土砂災害からの避難のあり方について」（平成30年12月26日）最終ページには、「国民の皆さんへ」と題して「行政は万能ではありません。皆さんの命を行政に委ねないでください。」「避難するかしないか、最後は「あなた」の判断です。皆さんの命は皆さん自身で守ってください。」と目が覚めるような厳しい指摘がされました。

■行政の視点

社会・経済のダウンサイジングのなかで、従来のような行政による積極的な福祉国家モデルからの転換が避けて通れない時代になってきました。地域コミュニティを再生（新しいパブリックの創造）し、市民が、なにごとにも主体的に「自分ごと」として取り組む必要があります。特に、来るべき広域大災害時には、阪神・淡路大震災時に学んだように市民の自助・共助が不可欠であることからも、「防災」において市民の行政依存からの脱却は不可欠です。

□市民の視点

しかし、歴史的に、市民社会は、「お上（行政）」による強制（例えば、大正時代から町内会・部落会とその下部組織として隣組結成など）のもとにありましたから、一挙に、「防災」は、自己決定だという１８０度の意識転換を容易に受容できません。また、現在も「災害に関する情報（気象情報も避難情報）すべて行政から発信されており、「防災」行動について市民が、自己決定しようとしても、必要十分な情報と判断能力が備わっていません。

○あるべき姿（行政と市民の協働・共創社会）

市民は、一人ひとりが、確実に「防災」について「自分ごと」意識を高めて事前の備えを怠らないようにする（自助）とともに、地域コミュニティを再生して、「自立した参加型の社会（共助）を目指し、「命を守る」ための共通認識と相互信頼を共有できる新しいパブリックの創造が究極の目標です。

COLUMN

行政と市民と学術

さまざまな行政広報の成果もあって、市民の「自助」「共助」の意識改革は、進みつつあり、若者の積極的な災害ボランティア参加も増加し、「新しいパブリック」は、コミュニティに芽吹き始めています。ここでは、少し別の観点から行政と市民と学術の関係性について整理します。

（1）行政と「防災」

①地域行政においては、包括自治体（都道府県）と基礎自治体（市町村）の関係性によって、協働で地域防災を推進する体制がスムーズにできるところと、コミュニケーションすら十分に取れない地域が存在しています。この低レベルの隘路は、双方の心ある管理者によって速やかに融解しておくべき課題です。

②行政の危機管理担当部署の多くは、防災のみならず、有事や感染症も含めたすべてリスク対応を守備範囲としています。そして、現在でも最上位概念は、「防災」ではなく国家有事です。しかし、「防災」と国家有事は、本質的にその危険性と政治性が異なります。

③日常的に「防災」を担当するのは危機管理部門ですが、要支援者に対する個別計画や被災市民への支援は、市民福祉担当が、まちの再開発や土地利用の適正化等は、都市整備担当が主管しますので、依然として「縦割り」による一体型の「防災」対策は、十分に完遂できません。

（2）市民と「防災」

①被災経験がない市民は、災害死の惨さについてほとんど不知であり、危機意識が乏しく、「防災」にはほとんど興味を示しません。そこで、災害死の凄惨さについて、さらに周知が必要です。

②自主防災組織と町内会（自治会）等との関係には、その設立の経緯からも地域差があります。また、地域経営におけるマネジメントの心得が乏しいことが原因の一つであり、地域リーダーのリーダーシップ訓練が欠かせません。

（3）学術と「防災」

①防災関連の学会や研究所は、多くが首都圏に存在し、全国の地域ごとの文化、環境、市民特性などが十分に理解できていません。これが、地域防災の知見が乏しい原因の一つです。

②学術研究には、研究者の人間性や価値観が反映されますが、特に、歴史と蓄積の乏しい防災学においては、いまだ十分に「災害」研究のポジションや倫理観にまで配慮が及んでいません。

③一部の大学や防災研究組織による学派的活動（学閥ファミリー）が構成されつつあり、実践的でなければならない防災学が、抽象論に傾斜し、政策提言集団になりきれていません。

（4）行政と学術

現代行政の政策決定手段である、諮問機関等のメンバーがほとんど同一で新鮮味がなく、また、同じテーマについて省庁ごとにガイドラインやマニュアルが競って作成され非効率です。（繁文縟礼）

■地域コミュニティと防災

災害は、当該地域に住むすべての市民の生活上の根本的課題です。

しかし、多くの地域で、戦前のように町内会（自治会）への全員参加が望めない現在は、災害に関する情報は、普段から、緊急時まで、いかにして市民全員に伝達するか問題です。行政無線やインターネットによる情報発信を別にすれば、町内会（自治会）の回覧板は会員宅しか回りませんので、加入していなければ、当該地域全員への自主防災会からの啓発や備え、訓練等に関する情報を伝達する手段が存在していません（参照：拙著『市民防災力』48ページ）。

町内会（自治会）未加入の市民にとっては、国（政治）と市民の中間にバッファー（緩衝材もしくは中継的役割）として存在するべき地域コミュニティが不存在であり、いざという時、地域で剥き出しの個人が孤立してしまいます。一人でどちらに行けばよいかわからない「砂漠の道」（ジグムント・バウマン　ポーランド『コミュニティ』筑摩書房　2001）に取り残される恐れが出てきます。

解決方法としては、町内会（自治会）に、当該地域の市民全員が加入することとし、新しい住宅開発やマンション建設等については売買契約や賃貸契約時に加入を条件として、オーナーや住宅仲介事業者を通じて徹底を図るとともに、一人暮らしの学生等資力の少ない市民には、会費を免除し、防災訓練や地区清掃など各種イベントへの協力によって会費を代替するような方策を採用することが最も近道でしょう。このような地域における課題をおざなりに放置してはなりません。

現実に、町内会（自治会）側の指導者の考え方と、未加入市民の地域一斉清掃、子ども見守りや地域防災活動などについての協力姿勢など、穏当な相互理解すら成立していない地域もかなり存在しています。

――『土手の花見』というフォークロア（伝承）があります。春になって、厳冬時に霜柱で緩んだ土手を、大勢の花見客がそぞろ歩くことによって、長雨の季節の安全のためにしっかりと踏み固められるといわれています。わが国では、処々の土手に桜並木が植えられる理由としてもあげられています。

そのような発想が次々と生まれれば、新しい郷土愛が生成し、結果として地域防災力は少しずつ向上していきます。新しいコミュニティ（郷土）の再生とは、人と人、人と自然との関係を再構築し、さまざまな思いと要素が交雑するなかで、漸くできあがる21世紀の新しい「ふるさと」づくりでもあります。

COLUMN

地域の宝ものさがし

1947年（昭和22年）、ポツダム政令15号により、町内会・部落会について「戦争協力組織」として廃止が命令されて以来（参照：85ページ　地域コミュニティの再生へ）、わが国では、ほとんどの地域で地域共同体の存在が希薄化してきました。

国を始め自治体が、新しい地域コミュニティの構築を目指して試行錯誤を繰り返しながら、今に至っています。しかし、21世紀に入って、災害の多発、広域、甚大化における地域コミュティの「共助」は、市民の「命を守る」最後の砦であるという基本的認識が承認されることになりました。

それぞれの地域コミュニティに町内会（自治会）とは別に、自主防災組織を結成し、いざという時に地域コミュニティにおける隣人の「共助」が、被災による破壊や喪失からの癒しとともに、早急な復興・自立への重要なシビルミニマム（最低限必要な生活基準）であるという仕組みです。

そこで自主防災組織が、地域コミュニティの核となって、市民の安心・安全を守るための活動が推進されていますが、長いあいだ存続してきた町内会（自治会）の地縁による人間関係や、新しく地域に転入してきた市民の非協調性もあって、なかなか思うように地域防災活動は進んでいません。

ところで、地域には、現職のさまざまな「防災」技術を持った人々や定年後であっても高い能力と技術を保有する人々が存在していることを忘れてはなりません。

地域コミュニティにおいて、普段は具体的には見えてきませんが、災害発生時には、支援や救助、応急処置に関しても、それらの人材が非常に重要な役割を果たしてくれます。

まさに「地域の宝もの」といえます。

このような人材を普段から防災リーダーが把握し、ことあるときにはその能力や技術を活かしていただけるような人間関係と「リスト」づくりは、新しい地域コミュニティにとってひとつの有効な活動の方向です。

なお、阪神・淡路大震災当時、発災からしばらくたって、数えきれないOBやOGが、自分たちを育んでくれた企業の支援を行いました。

当初は思いもかけなかった現象でしたが、これからの新しい社会のあり方をまざまざと見せてくれました。地域にもそのような相互支援の志が豊かに存在しているはずです。

■共通善（Common Good）

（日本国憲法第12条には）個人の自由や権利はCommon Good（共通善）のために用いる必要があると、用いなさいとはっきり書いてあるのです。これは私の言葉で言うと、要するに個人の権利や自由というのは、みんなのために使いなさいと、使うべきであるということです。

（現代コミュニタリアニズム入門――共通善の政治学・政策科学　菊池理夫　千葉大学　公共研究第5巻第4号（2009年3月））

わたしは、阪神・淡路大震災以降、自治体が主催する「まちづくり懇談会」、「まちづくりビジョン推進委員会」、「自主防災組織活性化プロジェクト」など、地域に直接係わる活動に係わってきました。構成メンバーのほとんどが当該地域の各種団体の指導者でした。

命に係わる大災害が襲ってきたとき、個人の価値観や信条などに一切関係なく、それぞれの団体の構成員が、垣根を越えて相互支援や救助可能となる仕組みは、制度や規約によって一朝一タにつくれられるものではありませんし、自主防災組織ですら、災害発生時の緊急社会システムにおいてどんな役割を担うべきかについてのナショナル・スタンダードはいまだ存在していません。

冒頭に引用した「公共の福祉」理論にまったく異論はありませんが、今やわが国の主流になったリベラリズム（個人主義）に相反するような、コミュニタリアニズム（共同体主義）による新しい地域コミュニティの再生は、市民の自由な活動に任せている限り、容易に成立しないように思います。

共通善（Common Good＝公共の福祉）によって担保される社会的正義や公正（Justice）は、そのまま適用できず、共通目標であるべき災害時の「共助」ですらも、それぞれの地域によって、その都度それを推進するに最適な仕組みを見つけ出していかなければなりません。

災害が多発する現在の緊急事態は、20世紀に謳歌してきた民主主義にとっても重大な転換期であるという認識が必要です。行政の市民に対する指導も、よりきめの細かい具体的な組織構成にまで及ぶことが必要な時代になっています。無用の批判を恐れず、行政による強力な指導が求められます。なぜなら、革命を否定する社会にあって、市民の意識を根本から変えるのは、強力な市民運動の推進でしかないからです。現在社会の一般自由論は、その意味で重要なポイントを外してしまっています。

今やらねばそのとき後悔するかもしれないことは、なんとしても今やっておかなければなりません。

■「共助」の精神

「共助」とは、一人では心もとないから、頼りないから集団の力を借りる、と言う発想ではありません。自助という言葉がよく用いられるように、自らの力で頑張ることは世のなかで生きる上での基本でありましょう。だけど、被災者になったときは誰でも、その人本来の力量とかゆとりが制約されて当然です。そのような場合には、素直に仲間の援助を受けましょう。

（「災害の心理」清水将之　創元社　２００６）

災害に立ち向かうための地域防災力として、市民の「自助」、「共助」の必要性は、広く理解されてきましたが、清水将之は、「共助」とは、例えば、被災して弱い立場になった人間が生き続けるための必然の精神だと言います。

そう考えれば、「誰にも邪魔されたくない」とか「そっとしておいて欲しい」という精神が強い人の自立した生活態度も理解できますが、大きな被害を受けたときには、虚心坦懐（心を開いて相手に対するさま）に誰かに助けてもらおうという素直な気持ちも大切です。

「共助」とは、受け手側の精神が重要です。快く支援を受ける気持ちを持つことを、個人の受援力（「助けて」と言える力）と呼んでいます。

現代は、人間が、厳しい自然環境からお互いに身を守るために、身を寄せ合って集団で生活してきた歴史的事実をすっかり忘れて、一人ひとりが自由を謳歌しています。このような状況では、意図的に集団生活をしようとしないとか、社会的ルールを守れないという人に対する自然界からの報復があるのではないかと心配になります。

身の回りで、自分の力だけで解決できない事件が起こったら、「助けて」と大声を出すのに、その時に「助けてくれる人々」に対して、普段、あまりにも冷淡であるばかりか、挨拶もせず、理由もなく憎悪心すら抱きます。

現代資本主義が、企業間のみならずそれを構成する人間の競争を煽ることで心を凍りつかせてしまったのかもしれません。そのような頑なな心を溶かすためにも新しい地域コミュニティの再生が必要です。

心のなかに隣人のための少しばかりの「ゆとり空間」をあけて暮らしていく姿勢と言ってもよいでしょう。それ以上に濃密な人間関係を求めるのは、すでに時代錯誤ではないでしょうか。

COLUMN

「共助」社会の誤解

「日本人は誰も、最後には誰かが助けてくれるだろうとは信じていない。だから他人を助けるなんて、できることならご免こうむりたいと思っている。調和社会などと言いながら、実は孤立排他社会なのである。」
（青木仁「なぜ日本の街はちぐはぐなのか—都市生活者のための都市再生論」日本経済新聞社 2002）

わが国と国民のこれから進むべき道について文献を検索していると、このような厳しい言葉に出会います。地域コミュニティの再生と「共助」の推進を結びつけてきたひとりとして、楽天的な発想での取り組みを諌められ背筋が伸びる気がします。

海外では、ホテルのエレベーターに乗り合わせた初見の人々が和やかに朝のあいさつを交わし、教会ではホームレスのための炊き出しが行われています。各種のボランティアも「社会貢献」というような大義に基づく行動としてではなく、自らの「生きざま」の一場面として、誰に誇ることなく粛々と行われています。これらは、もちろん、いわゆる「罪の文化」（『菊と刀』ベネディクト1944）の国における内面の良心（ユビキタスの神に対する行動）とも言えるでしょう。

一方、わが国では、公共の場所で、建物出入り口の扉に手を添えて、後ろを振り返る人も稀有で、エレベーターに至っては、目の前で意識的に扉を閉められることもあります。

人間とは、ある状況で周囲の人との関係から作り出された存在であるという考え方があります。人間の存在は、その人のおかれている状況や相手との関係によって変わりえます。

戦前からの濃密な地域共同体への郷愁や骨組みに倣うような地域コミュニティの再生は、現代の市民にも望まれているとは言えません。

しかし、現代社会を、「孤立排他社会」と断定するべきではありません。今が、そのような孤立社会のピークであるように感じます。社会が、大きな転換点を迎えています。それは、世間の発想とは異なりますが、場合によっては、人間の英知を凌駕するような、合理的で効率化を追い求めるデジタルによって破壊された、体温を感じる近隣関係人間社会の復活と言えるように思います。

「2021年（令和3年）6月4日、「自然災害義援金に係る差押禁止等に関する法律」が成立、同月11日に公布しました。従来は、大災害時に時限立法で定められていましたが、これにより自然災害義援金（暴風、竜巻、豪雨、豪雪、洪水、崖崩れ、土石流、高潮、地震、津波、噴火、地滑りその他の異常な自然現象により生じた被害に対する義援金）は、災害規模の大小を問わず差押えが禁止されます。なお、被災者に現金を直接分配する義援金制度は、世界でも珍しい日本独自の仕組みです。」

■防災と子どもたち

東日本大震災における石巻市大川小学校児童津波被害国賠請求訴訟（仙台高裁　平成30年4月26日判決）について、最高裁が平成31年10月10日上告棄却決定をしました。

仙台高裁判決要旨
①大川小学校の校長、教頭及び教務主任は、大川小の児童の生命、身体の安全を保護すべく備える義務を負っている。
②学校が石巻市教育委員会に危機管理マニュアルの改訂を届け出る期限である平成22年4月末の時点において、安全確保義務違反を生じていた。
③校長等が、本件安全確保義務を履行していれば、被災児童が本件津波による被災で死亡するという結果を回避することができたと認められる（結果回避義務違反と被害の因果関係を認める）。

学校における防災対策と防災教育が大きな社会的テーマになりつつありますが、学校関係者から二つの意見をお聞きしました。

（1）ある教育委員会関係者は「想定外に対応するのは大事だが、どこまで備えればよいのか」と戸惑っているという意見でした。

（２）「訓練で災害時の行動の「型」を造らなければ応用もできず、想定外に対応できない」というものでした。

（１）については、「想定外」という言葉は、東日本大震災の復興のプロセスで「死語」になりました。こういう認識の教育関係者が防災教育のカリキュラムを造れば「防災とは、ここまでやること」という定量的な内容になってしまうと危惧します。

（２）については、訓練による「型」の習得ではなく、子どもたち一人ひとりの人間力（防災力）の涵養が「状況に応じて最善を尽くす」結果につながります。最も重要なのは、いうまでもなく「命の大切さ」の認識です。「どんな辛いことがあっても生き抜いていく強い心」を育んで欲しい。一人の人間が、「ほんのひとときしか生きられない命を精一杯燃やして、安心・安全な社会をともにつくりあげる崇高な営み」を理解することから防災教育が始まります。

ところで、決して間違ってならないのは、子どもたちへの防災教育と危機管理の違いです。防災教育については、わが災害大国における生きる力と人間力の涵養を目指すべきですが、大川小学校のような緊急事態に直面したときの危機管理としては、教職員の強力なリーダーシップが必要です。津波に関していえば、直ちに「高台へ逃げろ」と叫ばなければなりません。子どもたちへの防災教育だけではなく、教職員に対する「防災」教育とともに、危機管理能力の向上と責任感の涵養も忘れてはなりません。

COLUMN

道徳教育と防災教育

小学校でリンゴ受粉の体験学習を取材した時のこと。学校からリンゴ畑までの道を歩き出すと、並んでいた四年生の男の子が『一緒に行こう』と手を握ってきた。前後の子どもたちとお喋りをしながら春の道を歩いた。小さくて柔らかい手から、素直で純粋な心が伝わってきた。

（「新聞研究2003・2」東奥日報社　鰺ヶ沢支局長　松林拓司）

道徳とは、「①人のふみ行うべき道。ある社会で、その成員の社会に対する、あるいは成員相互間の行為の善悪を判断する基準として、一般に承認されている規範の総体（以下、略）。」（広辞苑第五版）と説明されています。

戦後の義務教育では、「人は人。自分は自分」、「自分らしく生きなさい」と教えられてきました。地域集団における人間関係は崩壊し、スマホで繋がる遠くの友との交流が尊ばれ、多くの市民が、「個人と国家が、何の中間バッファー（町内会（自治会）等）なく直接つながる」珍しい個人主義国が誕生しました。

金曜日の国会議事堂を囲む音楽デモ・子連れデモに、集団への参加の喜びを見つけ出し、

TwitterやYouTubeに、その感動を涙ながらに投稿することが、常軌を逸しているとは考えなくなりました。

道徳教育については、東日本大震災時、「釜石の奇跡」と呼ばれた小学生と中学生の逃避行が思い出されます。両校の子どもたちは駆け足の逃避行のさなかに、高齢者や乳母車を押す女性を見つけると、ごく自然にその人々の避難の介添えをしたと聞きます。

指示された避難経路を一目散に駆け抜けるだけではなく、その道程で出会った社会弱者に、自然に支援の手を差し伸べることのできるような心優しい精神の涵養こそが、防災教育の目的であると言えましょう。

道徳は「こういう時はこうしなさい」と教えるものではありません。さまざまな過去の人間物語を知ることによって、慈悲の精神を取り戻した子どもたちは、現代教育が置き忘れてきた人間精神を取り戻します。

防災教育も、人間教育です。

「多様性のなかでの共存」とは、ともに社会規範を遵守するという当然の精神から始まり、隣人との人間関係を整序するテーマの理解と実践です（参照：厚生労働省「地域共生社会」の実現に向けて）２０１７・２・７）。

■防災まちづくりの射程

──かつてわが国土に生まれた者、いまわが国土に生きている者、そして将来、わが国土に生まれる者のための学問だ。

（民俗学者の柳田國男は民俗学とはどういう学問かと聞かれてこう答えています。）

先日、『東日本大地震を振り返って、今こそ防災を』というテーマのシンポジウムの案内が届きました。わたしたちが、この国の片隅でどれほど地域防災を叫び続けようと、いつまでたってもわが国のメインストリームは「今こそ防災」なのかと少し情けなくなってしまいました。人間の記憶は、誰でも時間とともに薄れていきます。従って、あるできごとについて、市民の知恵や文化として正しく伝承していく過程は、それほどたやすいことではありませんし、必要なら記述しておくべきです。

「防災」とは、「未来の不幸のための準備」でもあります。楽観的かつ観念的なスローガンによって、市民に「見果てぬ夢」を見させるのは大罪です。「楽しく学ばせていただきました」というような感想が集まる防災講座には、いつも疑問を感じています。

誤解を恐れずに言えば、避難場所の居住性向上などは二次的課題です。それ以前に、ともかく速やかに避難できるシェルターの増設が求められます。

注意したいのは、全国的にも、地域防災力の向上が目に見えて進まないのは、防災リーダーが、国や自治体から示されたガイドラインやマニュアルにできるだけ沿った形で地域防災を推進しようとしてきたからです。

地域リーダーは、あたかもプロクルステスのベッド（プロクルステスは旅人をベッドの寸法に合わせ、より長身であれば足を切り、より短身であると引き延ばした：ギリシャ神話）のような涙ぐましい努力をしてきました。

地区防災計画がなかなか推進していかない理由もそこにあります。

そのような一般的、抽象的なガイダンスやマニュアルの枠を取り外して、それぞれの地域特性のもとで、「命を守る」という目的を達成するためにはどんな防災対策を組み立てるのかという発想に立てば、「地区防災計画」や「タイムラインの作成」は、無尽の可能性を秘めています。

柳田國男に習うまでもなく、防災まちづくりは、それぞれの地域において次の世代に対して、どのような安全な街を残すかと言う大きなテーマに対する取り組みでもあります。そのような正しい取組みについての投げかけをしないままに今に至っています。

COLUMN

美しい村

美しい村などはじめからあったわけではない。美しく生きようとする村人がいて村は美しくなったのである。

（柳田國男「都市と農村」岩波書店　２０１７復刻）

人間は、日常生活において、姑息な裏切りによる信頼関係の破壊から、重大な刑法犯までさまざまな罪を犯しています。手元にある六法に掲載されている法律や命令等も、ほとんどが人間の不法や違法の防止もしくは、その事後処理に係わる取り決めです。

そういう背徳の行動をしておきながら、「安全で幸せな人生を送りたい」と望むのですから実に不埒な生き物です。

以前、ある僧侶から「人間は、幸せになるにも覚悟が必要です」と教えられました。幸せになるための覚悟を持っているからこそ、さまざまな困難を乗り越えて、まっすぐに生き抜くことができるのです。

人間の老化は、確実に脳萎縮をもたらし、遅かれ早かれ、誰もが認知不全に陥ります。自分では正しい言動をしていると思っていても、他人の心や身体を傷つけることがあります。そうならないためには、普段から厳しい自己管理が必要です。その努力が、最期まで正しい道に導いてくれます。例えば、普段から相手への感謝と笑顔を忘れない（そのように心掛けている）人は、よしんば認知症になっても、自分をケアしてくれる人に対して無意識に感謝の言葉を口することができると聞きます。幸せな一生を全うするための心の備えとして大切な教訓です。

比叡山千日回峰行を満行された大阿闍梨は、「私が小僧で仏門に入った頃、師匠から、まずかたちを整えよ、外身をつくらないことには中身はいつまで経ってもできてこない（仏作仏形という）」と話されています。まさに、自分の「生きざま」や「心のかたち」を整えるための覚悟です。

これからは、「防災」も、「安全で幸福でいるための平素からの覚悟」であることを強調していこうと考えています。

「大自然の脅威に対して、人間はいかにも微力である」というようなネガティブな発想ではなく、また、ノウハウやマニュアルによって災害に立ち向かうのではなく、「災害に遭遇しない覚悟」、「災害時に絶対に死なない覚悟」、「いざという時、他人に手を差しのべる覚悟」と、それが「美しい姿」であることをわが国の市民文化として確実に浸透させていきたいと思っています。

第四章

防災リーダーへの伝言

わが国では、阪神・淡路大震災を契機に、地域防災力を向上させるため、全国の自治体等が防災リーダー（防災士を含む。以下同じ）を養成するとともに、自主防災組織の結成を推進、2020年4月1日現在の組織数167、158、活動カバー率84・7％にまで高まっています。

（令和2年版 消防白書）

西日本豪雨（撮影：筆者）

自主防災活動における事前防災の要点

台風・豪雨・豪雪
土砂災害・水害・噴火

<自主防災活動>
避難経路表示等道標の設置
砂防堰堤・河川改修・TV 監視強化等
地域危険個所自主点検・改良
災害情報伝達手段整備（個別受信機）
マイタイムライン作成
自主避難場所確保（民間協定促進）
避難訓練
要支援者個別避難支援計画
損害保険契約

建築制限・危険地域からの移転等

<自主防災活動>
避難呼びかけ・避難支援

＊自主避難の具体的計画
いつ→早期避難（前日避難・早期避難）
どこへ→自主避難所・福祉避難所・県外へ
どのように→避難方法（徒歩・自動車等）

<自主防災活動>
緊急救助・救出
一時避難所・避難所の設営、運営

【制作：筆者】

	地震・津波 注：地震は、予測が不可能であるから事前避難はできない。
事前防災 地区防災計画 ハザードマップ （日常的備え） 家具転倒防止 食料・水備蓄 非常持出し用意	＜自主防災活動＞ 避難経路表示等道標の設置 住居耐震補強・津波タワー等促進 地域危険個所自主点検・改良 エレベーター点検（最寄階自動停止） 災害情報伝達手段整備（個別受信機） 学校・社会教育（津波てんでんこ等） 避難訓練 要支援者個別避難支援計画 損害保険契約 ★長期継続防災政策：開発規制・
事前避難 地区防災計画	＜自主防災活動＞ 避難呼びかけ・避難支援 ★津波避難先 高台・津波タワー・強固なビル等
災害発生	＜自主防災活動＞ 緊急救助・救出 火災からの避難 一時避難所・避難所の設営、運営

■リーダーの心得

人を動かすことのできる人は、他人の気持ちになれる人である。その代わり、他人の気持ちになれる人というのは自分が悩む。自分が悩んだことのない人は、まず人を動かすことはできない。

（本田宗一郎）

リーダーには、防災に係わる基本的知見のみならず、状況に応じた適切なリーダーシップが求められます。注意するべきは、誰もが生来の優れたリーダーであるわけではありません。努力してリーダーに相応しい人格と行動を身に着けなければなりません。

〈リーダーシップの人間的な基本的姿勢〉

①人間愛や思いやりに満ち溢れた人だと、他者から評価される言動が求められます。
②リーダーの言葉は、その場に相応しく、丁寧で美しくなければなりません。
③人間関係を「偶然」に任せるのは無責任であり、リーダーはそれを意識してコントロールする視野と能力と役割が求められます。
④共感（シンパシー）によるリーダーシップの根底には、自らのオネスティ（正直）でシンセリティ（誠実）な自己開示が必要です。
⑤リーダーは、客観的に自分の行動を判断（ジャッジ）しなければなりません。

⑥危機におけるリーダーに必要な能力は、K（Knowledge）、S（Skill）、A（Attitude）
ア　可能な限り多くの情報源にあたり、ひとつの情報や噂だけで判断しないこと。
イ　必要な時は素早く行動を決定するが、事前計画に無理に合わせようとしないこと。
ウ　深刻な状況に陥ったら直ちに強行突破する決断と勇気と責任感を持つこと。

社会は、多様な価値観や役割を持った人々の集合体です。そして、ジグソーパズルのようにそれぞれが個別の役割を果たしながら、パーツとして相互補完することで全体が形作られています。リーダーは、時に厳しい孤高の存在でなければなりません。なぜなら、その一瞬の決断が、フォロワーの「命」に係わってくるからです。その覚悟が求められます。


――まぶたに残っている、ある地方の朝の光景を描写しておきたいと思います。

秋の山陽路の山間の村には、柿がたわわに実っています。

その柿は収穫され、時には、鳥に啄まれ、熟して落ちて、最後に、たった一個だけ残されます。その柿は、『木守り《きまもり》』と言われます。季節が深まって、霜が田畑を覆い、うっすらと霧がかかる寒い朝、墨絵のような農村の風景に際だつ一点の朱色は、悲しいほど美しい風景です。リーダーは、そんな『木守り』のエートス（特性）を持って欲しいと思います。先を行く人は、美しく、強く、そして孤高です。

■防災リーダーの行動規範

人間社会には150人という自然の集団が隠されており、われわれがその人物が誰であり、自分とのつながりは何であるかを知っているような関係を持つことができる最大人数を示している。（ロビン・ダンバー、「ことばの起源—猿の毛づくろい、人のゴシップ」1998）

近年の災害による被災者（死者・行方不明者）の増加は、19世紀から20世紀の約百年の間に世界人口が4倍（約18億→約80億人）に増加し、その多くが都市に密集して居住してきた結果です。このような社会構造は、いずれは抜本的な解消が求められること必定ですが、阪神・淡路大震災（1995）を経て、災害発生時の国民救助の組織的専門部署のみでは、十分な救助力が発揮できないことが明確になり、市民相互による主体的な「共助」が大きくクローズアップされました。また、志を持った市民が、防災リーダーとして地域コミュニティの安全に貢献する社会的仕組みができつつあります。

〈防災リーダーの行動規範〉

①災害時の被災者救助については、危険が伴う場合もあり、防災リーダーは、普段の地域

防災力（事前防災）を向上させること、いざという時、声がけ等による早期避難を達成すること、避難場所などの運営に協力すること等を主たる目的とするべきであり、その趣旨を十分に理解して日常的な防災活動を推進して欲しいと思います。

②防災リーダーの重要な仕事のひとつは後継者の育成です。必要に応じて次のリーダーの育成によって、切れ目のない地域防災への世代交代を図るべきです。そして、その時は、あなたの退き際です。その時期を間違ってはなりません。

③防災リーダーは、「救援者ストレス」に注意が必要です。救援者の安全は、救援者自身の責任です。防災リーダーは、過酷な状況への心の準備を整え、主体的に適切な休息の確保に努め、「燃え尽き症候群」から自らを守らなければなりません。

＊「燃え尽き症候群」

現場での悲惨な状況を目の当たりにして、防災リーダーのみならず、避難所運営や被災者支援にあたる行政職員（公務員）も、自らの心身の疲労を忘れて献身される方が多く見られます。深い感動を覚えつつ、憂慮の念を禁じ得ません。行政の首長にあっても、そのような公務員のへの「安全配慮義務」を決して忘れてはならないと思います。

COLUMN

超高齢社会の生きざま

ますます高齢化が進む社会にあって、地域社会のリーダーも高齢者が多くなりつつあります。地域リーダーとして特に心しておきたい三点について記載しておきたいと思います。

（1）人間性の豊饒化は、地域の宝物である

長い人生経験から、「幸せの後には悲しみが、成功の後には挫折や失敗がやってきて、幸福と不幸は、隣り合っていることを知っている」からこそ、時として高齢者が新しいことへのチャレンジを拒みます。若者はその消極性を批判しますが、経験から、生理的に感じる危険や危機感は決して無視できません。

（2）初心忘るべからず

初心とは、「物事を始めたときの未熟で失敗ばかり出会ったときの記憶、そのときに味わった屈辱や悔しさ、そこを切り抜けるために要したさまざまな努力」です。世阿弥は「老後の初心忘るべからず」（風姿花伝）と述べています。

若いときの初心を老後も持ち続ける謙虚さは大切ですし、老後にあって、新しい何かに挑戦を続

ける精神が大切です。いかに慣れたことでも「老い」という時節がゆえにもたらしてくれた一味違った初々しさへの素直な感激を忘れないでおきたいものです。世阿弥は、老いて、その時々の工夫を忘れることを『住功《じゅうこう》』として大いに嫌っています。

（３）入舞《いりまい》の精神

世阿弥は、「舞楽などで一端舞が終わって舞手が退場する前に、もう一度、舞台に戻って名残を惜しむかのように一舞、舞って舞をおさめること」を、「入舞」という美しい言葉で表現しています。人間の老いがいつから始まるのかは個体差がありますが、『住功』に甘んじないで、その人の人生の時節ごとに工夫した新しい舞だけでなく、「入舞」の精神を忘れないでいたいものです。

高齢になっても、さまざまな社会活動に参加して、命の灯を燃やし続けることは大切です。しかし、一方で、若いころの自分の経験や知恵に基づいて、ものごとを判断したり、批判したりすることは正しいことではありません。冷静に周囲の意見に耳を傾けるとともに、自らの諸能力を客観的に判断して、社会的ポストからの退き際を間違わないことが大切です。いつまでも、名刺に多数の役職を書き連ねることに大きな社会的・人間的意義はありません。

超高齢社会が到来しているわが国では、このような角度から、高齢者自身が自分を御すことが大切になっています。

■「備える」

熊やリスは、季節の変化（外気温の低下）に応じ、冬眠のために皮下脂肪を蓄えたり、リスがドングリを集めたりして、本能的に迫り来る自然の脅威（冬）に備えます。

「未来」を構想したり想像したりする能力を手に入れた人間にとっての食料の備蓄は、過去に何らかの理由で経験した「困窮や飢え」によって獲得した知恵に基づく行動です。

災害が多発するわが国では、「平穏な時は、次の災害への準備期間である」（「災害のライフサイクル」）という発想は、国民に容易に受け入れられると考えてきましたが、現実は、大災害が発生しても数年経つと、「備え」る知恵と文化はほとんど忘れられてしまいます。

毎年決まって訪れる季節の移り変わりとは違って、発生時期が不確実な災害に「備える」ことは、限りある時間と資源を費やす意義と必要性は薄いと、無意識で判断しているのかもしれません。

いつ来るかわからない災害に遭遇しても生き抜くための備えをすることよりも、そういう不幸に誰もがいつか遭遇するかもしれないという諦観と、もし災害に襲われても自分は大丈夫だろうという楽観、あわせて、そういう恐れを直視することを避ける現実逃避の精神が支配しているように思います。

人々が目前に必要性を感じている行動への誘発は容易ですが、防災の「備え」のように切迫した必要性を感じていない行動（政府は、次の大災害の切迫性が高いと警告しています）を定着するには、ありきたりの啓発では目的を達しません。

スローガンやポスターによる啓発を繰り返していけば、いずれ気づいて行動してくれるだろうというのは、まったく根拠のない思い込みであり、過去の数々の災害事例や被災の恐怖の伝承によって達成できるというのも希望的推測でしょう。

災害の伝承によって「他人が、こういう不幸に襲われた」という事実を見聞し、「自分はそうならないように備えよう」という意識に結び付けるには、「自分も確実にそうなる（かもしれない）」という強い蓋然性（確実性の度合い）が必要です。そして、「その時には、こうしよう」という計画がなければなりません。

それとともに、地域コミュニティの備えとしては、多様なメディアを使って広範囲に呼びかけるだけではなく、防災リーダーによる市民一人ひとりとの日常的なコミュニケーションと個別事情の把握が求められます。

あらためて、「防災」とは、個別の要支援者に対する避難サポート（個別避難計画策定）のためにも、地域コミュニティが解決しなければならない課題はたくさん残っています。

COLUMN

雪害とトラック支援

「雪は、天から送られた手紙」というのは、物理学者中谷宇吉郎（1900〜1962）が残した有名な言葉です。

ここ数年の真冬の「手紙」は、人間社会への厳しい警告でした。

北陸地方をはじめとした大雪によって、国道で千数百台もの物資輸送自動車が動けなくなる流通崩壊事件が、連日のように報道されています。

季節性と地域性のある災害ですから、国民全体の理解と共感を得るのは容易ではありませんが、ニュースによれば、食事の提供等救助・救援したのは、災害派遣の自衛隊員と地域の一般市民有志でした。

自主防災組織は、当該地域における災害に対する備え、支援、救助、救援を目的として結成されていますから、国道に停車したトラック支援は、本来の役割には含まれていませんし、資金的にも人材的にも十分でない自主防災組織が、当該地区を通る国道上でのトラックの立ち往生に人道的支援をするのは、活動の範疇を外れるというほかありません。しかし、自主防災組織が、地域の志高い有志によって構成されている以上、時に応じて、国道で立ち往生したトラックへの支援も、ぜひ期待したいものです。

そこで思い浮かべるのは、地域の町内会（自治会）等と自主防災会との関係です。かなりの地域で、その二つの組織は、同心円的に守備範囲が一致しており、極端な場合は、町内会（自治会）等への未加入者は、自主防災組織の支援対象からも外れてしまいます。このたびのように国道上で雪に埋まったトラック運転手への支援は、これと同じフェーズの課題です。組織的業務と人倫に基づく行動は必ずしも一致しません。過疎の村々に過剰な救援ノルマを課するのは困難でしょうが、こんな場合には、付近の市民は、どういう思考と行動をするべきでしょうか。

このたびの事件を、個人の行為や市民の善意の問題とすべきなのかも疑問のあるところですが、降雪の大小はあっても、毎年のように発生する雪道での自動車のスタック現象などは、なぜ事前の防災（通行禁止）ができないのかという素朴な疑問とともに、現代社会では、豪雪の予報があろうと、災害の危険を少なくするための休業が許されない厳しい産業構造が、流通業界に厳然と存在していることに、防災力向上という社会的使命達成の困難さをあらためて認識しています。

ＢＣＰ（組織の事業継続計画）もそうですが、「防災」とは、大きくは現代資本主義のありよう、そして国の産業構造や業界のシステムとも非常に密接な関係を持っています

■地区防災計画

２０１３年（平成25年）６月の災害対策基本法改正によって、市町村の一定の地区内の居住者及び事業者（地区居住者等）による自発的な防災活動に関する「地区防災計画制度」が創設され、地区の市民が、市町村防災会議に対し、市町村地域防災計画に地区防災計画を定めることを提案することができる仕組みが導入されました（第42条第３項）。

地区の自主防災会が中心となって行う地域防災対策としては、①地域の災害履歴から教訓と行動の立案と周知、災害環境とリスク確認（可能なものは自ら除去）、②地区防災計画としての避難方法の立案（指定緊急避難場所に行くまでの緊急時の自主的一時避難場所の設定と協定促進）・役割分担（要支援者に対する個別避難支援、避難場所における運営作業分担）、③市民に対する啓発と訓練の実施などが、大きな三要素と言えます。

地域防災計画として承認されれば、場合により予算措置も講じられ、地区の防災活動は一気に前進します。内閣府から地区防災計画ガイドライン

〈各種防災計画の基本〉

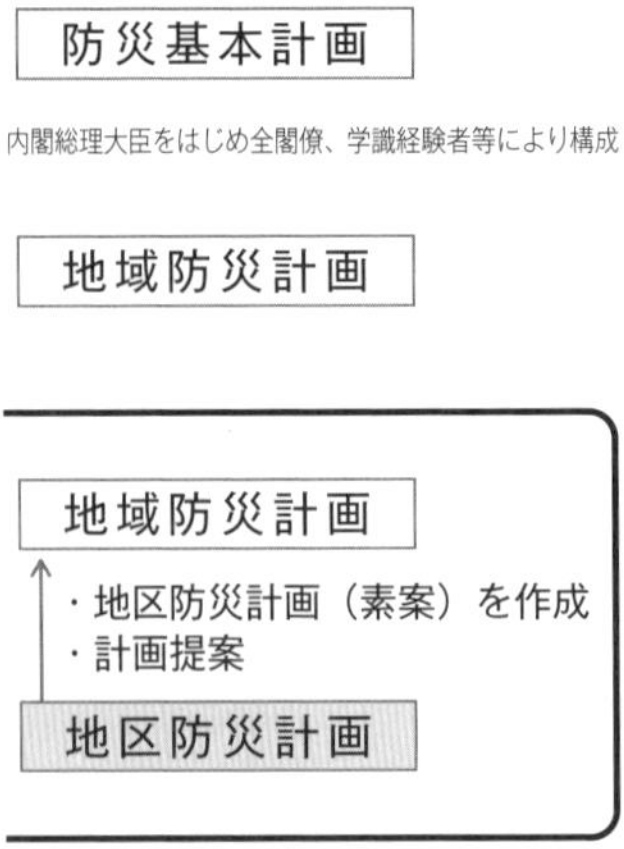

地域の防災～内閣府より

や啓発用パンフレットが発行され、積極的に推進されています。

注意したいのは、「防災」についても（それ以外の市民活動もそうですが）、行政だけではなく防災リーダーも、他地域の事例を学び、それを基礎に自地域での実施を推進することが望まれる姿勢です。全国的に情報流通の行き届いたわが国でも、根底のところで市民意識や慣習など地域格差が存在し、それを簡単に修正したり、乗り越えたりすることは非常に困難であり、必ずしも行政のガイドラインを全面的に倣う必要はありません。

地区防災計画のように、防災対策のボトムアップにより、自助・共助の推進を図ると言う発想は、市民自治の精神からも画期的で望ましい政策ですが、防災リーダーは、それぞれの地域特性を把握し、それにそって計画を立案する必要があります。

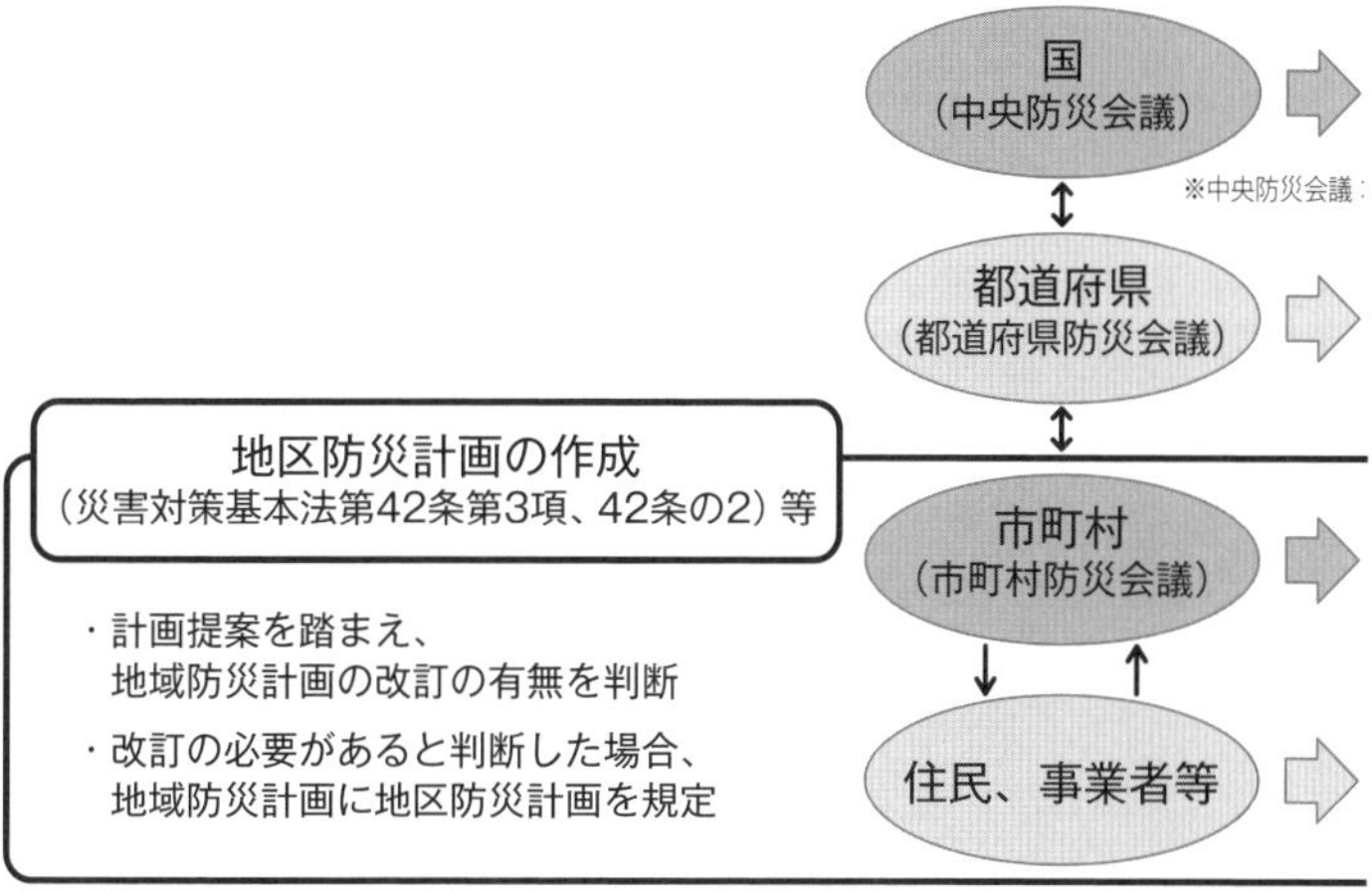

みんなでつくる地区防災計画 ～「自助」「共助」による

■地域防災プラットフォーム（地区防災連絡協議会（仮称））

（参照：拙著『市民防災力』第2章）

地域防災について、自主防災会を中心に地域のさまざまな団体や組織がネットワークされ、地区防災計画策定の取り組みも行われ始めています。しかし全国的にみても、地域防災力の基盤である地域コミュニティ（町内会や自主防災組織）と消防、警察、医療、学校、企業関係者等公的組織との日常的な交流の機会は限られています。

（1）消防は、地域の消防団との関係は密接ですが、消防署（組織消防）との連携は限られています。なお、消防団の強化については、新たに法律も制定され、総務省消防庁を中心に強力に推進されています。

（2）警察は、包括自治体の組織でもあり、日常的に地域諸団体と同じテーブルに着くことは稀有です。しかし、警察官は、警察官職務執行法第4条により、必要により人命救助のための緊急処置も可能であり、「防災」にも強い関係があります。

（3）「高齢者等避難」の情報が発表された場合、福祉避難所の早期開設が必要となりますが、従来の枠を超える取り組みは、このような拡大されたプラットフォームにおける協議から、新しい発想と協力体制が生まれるはずです。

（4）企業は、防災基本計画により「地域貢献・地域との共生」が明記されていますが、商店会はともかく、現在は企業と町内会（自治会）との普段からの交流は乏しいのが実情です。
そこで、その他の防災に関する組織にも参加を求め、例えば3か月に1回程度、情報共有のための会合（地域防災プラットフォームと呼ぶ）を設置し、普段から「顔の見える」関係づくりを行うことで、タイムラインの作成や地域防災計画策定など、従来にない地域防災コミュニティの新しい取り組みが生まれることを期待しています。

地域防災プラットフォームのイメージ図

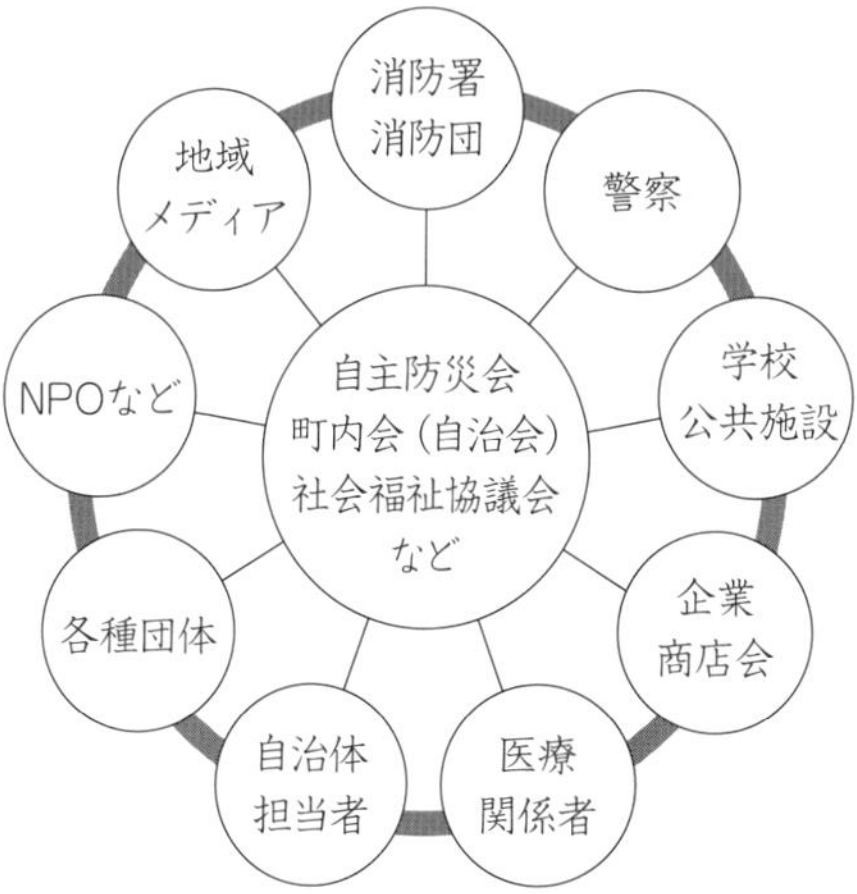

注：組織名は例示です。

〈参考〉
消防団に関する強化策が次々と打ち出されています。

○**消防団を中核とした地域防災力の充実強化に関する法律（2013年）**消防団を中核とした地域防災力の充実強化を図り、もって市民の安全の確保に資することを目的としています。

○**「消防団員の処遇等に関する検討会」中間報告（2021年4月）**～消防団員の確保のためには、報酬等の改善のほか、社会的評価の向上や広報、訓練のあり方などの課題を検討しています。

COLUMN

例えば3・5%の法則

「非暴力な活動は暴力的な活動に比べ、その成功率が2倍であり、またその活動に賛同する人の数がそのコミュニティの3・5%に達した時、失敗した事がない」BBC FUTURE（英国放送協会）という仮説があります。

わが国で、地域防災の向上を目指そうとすれば、少なくとも成人人口の15歳以上、約1億人の3・5%（350万人）が賛同（少なくとも重要性の認識）しなければならないと言うことです。しかし、実際には、自ら何らかの防災行動をとったり、その重要性を認識したりしている国民はその三分の一、100万人を大きく下回るように思います。これは、社会教育の貧困や懈怠からきているといえます。

なお、地域における防災活動においても、これを一つの仮想目標値とすることは可能です。古来、絶え間なく自然災害の脅威に晒されているわが弓状列島にあって、特に地学的平穏の時代が終わりを迎えた現在、目に見えるかたちで防災が成果を上げていくことがもとめられています。だからこそ、ここ数十年の従来型の意識改革啓発活動について、何か芯になるものが欠けているのではないかと言う疑問を呈してきました。少し見えてきた目標に近づける具体的な行動が求められます。

いままでに養成してきた防災リーダー（防災士を含む）に対して、具体的な行動指針を与え、活動を活性化することが必要です。防災目標も、現在のような網羅的かつ一般的な活動指針ではなく、ピンポイントで課題解決を目指すように差し向けなければなりません。

例えば、土砂災害レッドゾーンの市民に優先的に早期避難を求める場合を想定すれば、事前の避難用車両の用意やリーダーの声掛けの徹底が必要です。過去幾多の災害によって、国土と地域の脆弱性課題が鮮明になっている以上、それに優先順位をつけて対処しなければなりません。

一昨年からの新型コロナウイルスのパンデミック（世界的大流行）において、自由行動規制が比較的容易に導入されました。「明白かつ現在の危険」があるとしても、生来の自由権を公権力が規制していく先例として国民の深層心理に大きく刻まれることでしょう。言い換えれば「命を守る」ための具体的な道が見えてきました。この機会を逃してはなりません。

今、新しい防災のあり方に歩を進めないと、アフターコロナ時代においても、ふたたび「危険社会」における際限のない欲望の追求に身を焦がすことになるでしょう。

＊新しい商品・サービス、ライフスタイルや考え方などが世の中に浸透する過程を分類したイノベーター理論（エベレット・M・ロジャース　1962）によれば、イノベーター（2・5％）とアーリーアダプター（13・5％）を合わせた16％を超えると一気に普及が加速すると述べています。

■理解についての齟齬《そご》

何かを理解することと「何かを理解したかのような気分」になることとの間には、もとより、超えがたい距離が拡がっております。人びとは、多くの場合、「何かを理解したかのような気分」になることが、何かを理解することとほとんど同義語であるかのように振る舞いがちであります。

（『齟齬の誘惑』蓮實重彦　東京大学出版会　１９９９）

現代科学は、今でも「学問芸術から社会組織のあり方まで、あらゆるものが孤立して存在し、相互の関わり合いがなく対話が成立しない」状況にあり、それを政治学者丸山真男は、タコツボ型と言いました（「日本の思想」１９６１）。

防災についても、巷に氾濫する「ノウハウ本」、「マニュアル本」によって、防災の対症療法のいくつかは身に着きますが、それだけでは、社会自体を強靭化する防災文化を創造できるとは言えません。日本人の災害観や国土改良に関する全体像が疎かになっています。

「何かを本質的に理解しよう」とすれば、その全体におけるポジションを客観的に把握し、その根を理解することから始めなければなりません。蓮實重彦は、『「見られること」の体験』

について、こうも述べています。

『スポーツはたんなる身体の自在な運動ではありません。それが競技であるかぎり、あくまでも「見られること」で成立する社会的な体験なのです。（中略）多くの選手にとって、「見られること」でバランス感覚を体得する機会となることを祈らずにはおれません。』（同上）

もちろん、自分のポジションを冷静に理解してしまうと惨めになるだけの場合も多いものです。多くの人々が、その熾烈な環境で、日々、口に出せない劣等感や焦燥感に苛まれながら生きていく定めです。しかし、「見られることで養われるバランス感覚」というは、人間力という観点からも重要です。現代人が、自分を「見られる存在」として客観的に評価することができたら、どんなにスマート（洗練された）な社会になることでしょう。リーダーには必須です。

これからも絶えることなく人類の歴史に刻まれていく災害に向き合い、災害死「０」の社会を創り上げるためには、「危険社会」と言われる社会構造と市民文化を根底から変えていかなければなりません。

「どうあらねばならないか」と「どうありたいか」と「どうすることが可能か」はしばしば混同します。いまこそ、一人ひとりが、現代社会のあり方についてしっかりした見解を持つことが求められます。

COLUMN

善きサマリア人の譬え（Good Samaritan Law）

「ある人がエルサレムからエリコへ下って行く途中、追いはぎに襲われた。追いはぎはその人の服をはぎ取り、殴りつけ、半殺しにしたまま立ち去った。」（ルカによる福音書10章30節）
「ある司祭がたまたまその道を下って来たが、その人を見ると、道の向こう側を通って行った。同じように、レビ人もその場所にやって来たが、その人を見ると、道の向こう側を通って行った。」（31〜32節）
「ところが、旅をしていたあるサマリア人は、そばに来ると、その人を見て憐れに思い、近寄って傷に油とぶどう酒を注ぎ、包帯をして、自分のろばに乗せ、宿屋に連れて行って介抱した。そして、翌日になると、デナリオン銀貨二枚を取り出し、宿屋の主人に渡して言った。「この人を介抱してください。費用がもっとかかったら、帰りがけに払います。」（35節）

マーティン・ルーサー・キング（Martin Luther King' Jr. アメリカ合衆国のプロテスタントバプテスト派の牧師１９２９年1月15日〜１９６８年４月４日）は、「司祭とレビ人は、この人を助けたら、自分がどうなるかを考えた。しかし、サマリア人は、この人を助けなかったら、この人はどうなるかを考えた」と言っています。

サマリア人は、「自分のことのように隣人を愛した人」です。

一般に、善意は「受けた側の判断によって評価される」といわれます。しかし、サマリア人のような善意を受けた人が、病が悪化したり亡くなったりしたとしても、それを罪に問う国はありません。

善意が、客観的に正しく評価される社会が存在しています。

もし、善意に対する、正しい判断基準が認められなくなったら、なんと不幸でしょうか。「その言動について、自分がよければ善いけれど、嫌なら善くない」というような身勝手が許される社会では、教育はできないし、各種のボランティア活動も困難になります。

ときおり、地域の防災リーダーから、「もしも、一生懸命にある人を助けようとしても、うまくいかなかったときは、責任を問われるのだろうか？」という質問があります。西欧諸国のように、立法化されていなくても、わが国でも、そのような善意の行動による場合に罪に問われたり、損害賠償をさせられたりした事例はいままでに存在しません。

「善きサマリア人の譬え」は、人間の善意を維持する最後の砦です。

■心の下づくり

地震そのものが、命を奪うのではなく、人間のつくった建物や道路が倒壊して命を奪うということを忘れてはならない。

「Nature」25 February 1999 イアン・メーン（IAN MAIN）

阪神・淡路大震災から26年も経つと、地方メディアは、キー局の災害特番を短時間、中継するだけになってしまいました。あの大震災は、歴史的にも、社会生活上も重要なできごとですから、十分な振り返りの情報を提供するべきであり、年月の経過とともにおざなりになっていくのは非常に残念です。

①大災害の日には、ほんとうは誰も考えたくない災害の恐怖に正面から向き合うことによって、「命」の大切さを再認識しましょう。
②目前に迫った地球規模のマーケット飽和や資源の枯渇など、さまざまな人間活動の限界を見つめてみましょう。
③現在の政治や企業経営が、災害に対していかに無防備であり近視眼的であるかを反省する機会としましょう。

④大自然の「不意打ちにめげない心備え」を確立することによって、突発事象に対しても冷静に対処できる「心の下づくり」の機会にしましょう。

＊柳生新陰流の極意の一つが、「無形の位《くらい》」です。つまり、何らかの形にこだわらない構えであり、「心のありよう」です。心の下づくりとは、そのように何ものをも受け入れ、適切に対処する心根を育むことです。マニュアル文化の反省でもあります。

わが国では、危険分散の原則を無視して大都市への人と情報の集積が加速しています。人と情報の集積は、社会的効率化の推進にはなっても、これからのわが国の災害多発状況を乗り切るには、国を挙げての刹那主義とすら言えるほどに悲劇的です。

おおかたの市民が、明日は「自分ごと」かも知れない危険に目を背け、ひたすら、時を駆け抜けていく日々に危うさを感じざるを得ません。

これまでにも述べてきたように、さまざまな災害から得た教訓は、防災を推進する貴重な資源ですが、それらがすべて具体的に解決されてきたわけではありません。

人間が相変わらず、災害が起こるたびに同じ反省を繰り返していることは、正直に言って怠慢の誹りを逃れるわけにはまいりません。しかし、それを完全に改善していく方法が容易に見当たりません。そのことが、本書のテーマの一つです。

COLUMN

発想を変えてみよう

アメリカの気象学者ローレンツ（Edward Norton Lorenz、1917年5月23日〜2008年4月16日）の用いた有名な喩えである「アマゾンの密林のなかでの一羽の蝶の羽の動きが、一ヵ月後にニューヨークを嵐に巻き込むかどうかの違いを生んでしまう」というのは、非線形な地球気象の性格を巧妙に表しています。この喩えに最初に出合ったとき、その壮大な着想に胸が震えたものでした。自然の営みの雄大さにひれ伏す思いでした。

先に述べたように（2017年9月26日）、東海地方が取り組んできた地震の事前予知を前提にした災害想定、秩序正しい避難行動と交通整理、産業活動の中断などは、わが国における災害から命を救う仕組みのモデルにならなくなりました。

以前から提唱し続けてきましたが、わが国では、すべての災害発生レッドゾーン（危険地域）で、避難場所への道には中央に赤線がひかれ、電柱に海抜や避難場所への道しるべが表示され、その道しるべに導かれて行動すれば、その地の状況について詳しく知らなくても、自然に命を守ることができる社会インフラを整備する必要があります。

平時からハザードマップを学べ（自己責任）と言う言葉の裏には、常に賢者と強者の「防災」が見え隠れします。

もう一つ愕然とするニュースがあります。

Eディフェンス（国立研究開発法人防災科学技術研究所が所管する大型構造物の震動破壊実験を行う大規模実験施設）の研究者が、高層ビルの地震対策として、揺れがビルに伝わらないように空気でビルを浮き上がらせる実験に成功したというものです。これから、人口が縮小していくわが国で、なぜ（超）高層ビルの建設が今後も続く前提でこのような研究が推進されるのか。首都直下地震発生の警告がなされても、首都機能の分散は遅々として実現せず、相変わらず（超）高層ビルが建設され続けていますが、停電時には、高層階が「陸の孤島」になることが自明な恐ろしいまちづくりが推進されているのです。

休耕田に雑草が生い茂り、過疎になった地方のみではなく、都会でも空き家率は相当高くなっています。それでも、土木建築業界が経済を牽引する旧来の社会構造のままに、天に向かってあたかも「バベルの塔」を建設し続けるのは、非合理な行動であり、わが国土の安全な未来構想へのハザードにもなると考えらえます

現在は、公立学校の体育館が、災害時の避難場所として指定されていますが、災害多発の時代には、「避難場所を普段は体育館として利用する」という「逆転の発想」があってもよいのではないかと思います。バリアフリーと同じように日常生活に、「防災」が普通に組み込まれていくことが、防災未来都市の方向かもしれません。

■人間社会の組成

岩石学では自形と他形という概念がある。顕微鏡下で岩石の箔片を見ると二種類のものが見られる。ひとつは長石や角閃石などで、しっかりした自分の結晶形を持ったものである。いまひとつはそれらの結晶の間に星雲状に広がる充填物であり、これは普通は石英である。前者を自形、後者を他形といっている。

（「新世界秩序を求めて～21世紀への生態史観」、高谷好一、中公新書、１９９３）

人間社会も、岩石の組成と同じような「仕組み」でできていると考えるのが自然です。このような社会の基本的構成原理を理解し、「世界単位」（同じような考えを持つ人たちが一緒に住む社会、同じような価値観を共有する人たちが住みあう地域的まとまり）と言われる世界観を考え合わせると、これからの地域活動のあり方について新しい方向が見えてきそうです。つまり、人為的な社会分断（過去に植民地主義者が引いた勝手な国境線）に依りながら、一方で、グローバリゼーションと呼ばれる単一価値（多様な地域社会の個性の否定）を推進している二律背反社会に対する冷静な視点です。

「共存ということは一人で、強く勇ましく生きていくということではない。共存のなかでどうしても求められるものは関係の論理、相手を考えることなのである。相手がいるのだということを大前提にした上で、自分の生き方を探るということである。（中略）共存ということは、また逆説的に言うならば、一人でも生きていける、ということである。他人の犠牲を前提にしてしか生きていけないということでは共存はありえない」。（同書）

十六世紀ごろから爆発的に発達した西欧の近代合理主義によって、人間社会の大きな構造が決定され、わが国も、それに倣ってきました。近代の生活理念である「自由と競争」に依拠した自律社会です。しかし、人智では逃れることのできない自然災害の多発する21世紀は、世界と国の「新しいかたち」を探す原生林に分け入ろうとしているといっても過言ではありません。

すなわち、お互いが精神的に自立しながら、いざという時には手を差し伸べあえる「のりしろ」のある人間社会の創造と言ってよいと思います。

「防災」における「共助」は、「一人で生きていける」強さがあるからこそ成し遂げられます。新しいコミュニティとは、どのような共存社会であるべきかについて、構造としてひとつの方向性が示唆されています。

COLUMN

地層累重の原則

（ニコラウス・ステノが『固体の中に自然に含まれている固体についての論文への序文』1669において提唱した法則）

第1法則　地層は水平に堆積する
第2法則　その堆積は側方に連続する
第3法則　古い地層の上に新しい地層が累重する。

中学生時代から持ち続けている素朴な疑問です。

飛鳥の地でも、はるかトロイでも、古《いにしえ》の文明は、必ず発掘されます。滅びた文明は土に埋もれて、その上に新しい文明が築かれています。地質学で「地層累重の法則」と呼ばれている「より新しい地層は、万有引力の法則に従って、より古い地層の上に重なっていく」ことが地球の神秘です。

古い文明を掩う土砂は、どこから、どのようにしてやってくるのでしょうか。ある都市が、洪水、土砂崩れや大地震による崩壊、火山の噴火などによって埋没してしまうのは容易に想像できます。

しかし、その地に再び都市が成立するのは、環境など諸条件が人間生活に相応しいからでしょう。その地に宿る文化と風土に惹かれると言えるかもしれません。

経済学や経営学などの社会科学が、なかなか人間社会における普遍の法則を導き出せず、常に時代の波に翻弄され、揺れ動く理由は、その時代ごとのつかの間の文明に通用する理屈を、無理やり打ち立てようとしているからではないか。

「はちの寓話」（バーナード・デ・マンデヴィル：巣の中の個々の蜂は醜い私欲と私益の追求にあくせくしているが，巣全体は豊かに富み，力強い社会生活が営まれている姿）によって示されたような人間社会の営みに、後付けの理由付けをすることは、劇場で観客をひとときの幻想に酔わせるピエロの演技に理論づけするのと変わりません。ですから、社会科学の理論は、その時代の文明と同じように折り重なって堆積し、次々と生産され続けます。

しかし、何か重要な生命の原理（いまだに見つけられていない法則）が存在するように思えて仕方がありません。

現代のホモ・サピエンスの文明が滅びるには、まだ相当の時間が残されていると信じますが、過去20万年の「行くたて」と「行くすえ」を貫く論理を発見しなければなりません。

■防災先覚者

（村の集団移転のような）かかる難事業にはいつも先覚者の犠牲的貢献、指導を見逃してはならない。特に明治29年（大水害）の移動の行われた村々は、いずれも私財を投じてまで移動を断行しようとするほどの熱意ある一、二の先覚者を持ったものに限られている。いつの世にもかかる人の問題が自然的諸条件をよく克服しているのを知るのである。

（山口弥一郎「津浪と村」三弥井書店　昭和18年発刊の復刻版　２０１１）

柳田國男の門弟である山口弥一郎が、吹雪のリアス式海岸の村々を訪ね歩いて、大晦日の夜に一人で木賃宿（安い宿。昔は泊り客が自炊し燃料代だけ払う宿）に泊まる民俗学者の一途でやるせない心情を察しつつ復刻版のページをめくれば、東日本大震災の被災地がまた違って見えてきます。その最も印象深いくだりが、最初に引用した文章です。

人口に膾炙している「稲むらの火」の濱口梧陵は、「生ける神（Living God）」と呼ばれましたが、近代までの地域指導者のなかには、彼以外にも幾多の清冽な先覚者がいたことに心を打たれます。当時の厳然とした階級社会における「先覚者」のノブレス・オブリージュ（身分の高い者はそれに応じて果たさねばならぬ社会的責任と義務があるという、欧米社会における基本的な道徳観）の発現であったと思います。

小泉八雲（Patrick Lafcadio Hearn　1850年6月27日〜1904年9月26日）が、濱口梧陵に、なぜ『生ける神』というタイトルをつけたのか興味をそそられますが、この小説は、防災が主題ではなく、日本人の宗教心や道徳について書かれたものだとも言われています。「あなたこそ生ける神の子キリスト」（マタイ福音書 第16章13〜28節）と聖書に出てくるように「生ける神」というのはキリスト教の用語です。

わが国では、真に「共助」が必要な時代が到来しているにもかかわらず、地域の指導者を信じたり尊敬したりできない孤独な市民と、リーダーとしての矜持を持たない籤や順番制で決まった町内会（自治会）指導者によって、日常的な地域共同体が形骸化し、いざという時、助けが必要な人に誰もが手を差し伸べることすら容易にできない無縁社会が多く存在しています。地域コミュニティの再生を求める根本の理由のひとつです。

※わが国では、2011年（平成23年）6月、「津波対策の推進に関する法律」が制定され、11月5日を「津波防災の日」とすることが定められました。1854年11月5日に発生した安政南海地震で、濱口梧陵が稲むらに火をつけて、村人を安全な場所に誘導したという実話にちなみます。

COLUMN

「稲むらの火」

安政南海地震（嘉永7年11月5日1854・11・5旧暦）のとき、紀州の濱口儀兵衛が稲むらに火をつけ、多くの人を救ったという「稲むらの火」の伝承は、わたしも大学の「防災まちづくり実践講座」では、必ず一度は取り上げてきました。戦前、教員を養成していた師範学校の英語の教科書に使われた小泉八雲の「A Living God」、尋常小学校の国語の授業で使われていた「稲むらの火」に掲載されていた実話です。

戦前のわが国では、子どもたちに倫理観とともに、このような防災教育がされていましたが、現在は、大学の教職課程で教員志望者が「防災」の基本すら学ぶわけでもなく、国際的に学力水準が低下しているという大義のもと、子どもたちの多くも本格的な防災教育を受ける時間と機会が少なくなって、20世紀末から始まった地学的変動や地球温暖化により発生したさまざまな災害の教訓は、ほとんど伝承されていません。「なぜ災害の教訓は引き継がれないのか」については、日本人の災害観や生きざまが大きく影響していますし、戦後に崩壊したままの地域共同体の多くでは、災害時の「共助」のための市民を挙げた防災の活性化の兆しが見えません。

防災に関する正しい社会教育と学校教育が必要なのだと声を涸らしても、先日、機会があって確認した大学の教職課程担当教員による社会教育に関する論文にも、「防災」という語句は出てきませんでした。

わが国の地域コミュニティを再生するには、「防災」というキーワードが不可欠だという私の主張など、現場の教員のほとんどにとっては「たわごと」なのでしょうか。今後ますます「異常気象が連鎖する」状況にあって、由々しき事態だと言わざるを得ません。

濱口儀兵衛は「稲むら」に火をつけて人々を救っただけでなく、次の津波に備え、巨額の私財を投じて広村堤防（和歌山県・国指定史跡）を作りました。また、家業の大規模な醤油業を継承・発展させ、揺監時代の明治政府の郵政大臣（初代）に相当する重要な役職につき、現在の和歌山県知事である和歌山県初代県会議長（初代）もなっています。彼が「生ける神」であったかどうかは別にして、地域のリーダーとして卓越した道徳観と未来を見通す視野を持っていたことは忘れてはならないと思います。

■世界津波の日

２０１５年12月22日の国連総会本会議にて、世界中で津波に関する意識を向上させるために、11月5日が「世界津波の日」制定されました。

稲むらの火の館ポスター
（和歌山県有田郡広川町）

第五章

これからの地域防災を考える

人類は、地球上の他の生物に比べて少しは聡いといえども、いまだ未来についての予測は何一つできません。そんな不確定未来に、いつ起こるかしれない災害のために、万全の「防災」を求めることは、限りある平穏で幸福な生活の一部に犠牲を強いるものです。

そうすることが「命を守る」ために必要だと声高に叫び、地域コミュニティに背を向ける人々に、身勝手とかエゴイストとかの批判的言辞を弄することは、許されない高慢と暴力なのかもしれません。被災責任をいとも簡単に、避難行動の遅延による「自助」と地域コミュニティにおける「共助」の不足や欠如に転嫁してしまう防災思想は、明らかに間違っています。

防災は、国と市民の総力を挙げた戦いであるという認識が強く求められています。

西日本豪雨
（撮影：甘中繁雄）

■災害対策基本法の改定（避難情報と個別避難計画等）２０２１年５月20日施行

２０２１年（令和３年）通常国会での災害対策基本法等の一部改正についての概略です。

（1）避難勧告・避難指示の一本化（「避難指示」に統合）

①１９６２年の災害対策基本法施行以来、第60条により「避難勧告→避難指示」とされていたが、２００５年に「避難準備情報」（高齢者等避難開始に読み替える）が追加されました。２０１６年の小本川氾濫（台風10号）により犠牲者が発生した機会に、それが「避難準備・高齢者等避難開始」に変更され、避難指示に（緊急）が付け加えられました。

②その後も土砂災害等が相次ぐなかで、各地の災害検証委員会でも「避難勧告（地域にいる全員が避難を始める）→避難指示（緊急）（対象地域にいる全員が避難を完了している）」が文言通りの目的と市民行動に繋がっていないという指摘があり、２０１８年、「レベル４（行政が付けた区分）」というキャップを被せました。今回の法改正で、レベル４に二つの行動指示が入っていると言う不都合は解消しました。

③自治体や公的機関から出される情報は、「権威のある重要かつ正確な情報」です。今後とも、個別受信機の配布も含め、行政から市民への確実な伝達を目指す必要があります。なお、地域の自主防災会防災リーダーによる個別の口頭伝達も欠かせません。

④現在は、マスコミ（指定（地方）公共機関）による災害情報の伝達が重要な役割（高い割合）を果たしていますが、災害避難は「事前の備えから、避難完了」まで一連の流れであり、部分的な情報伝達の改正を頻繁に繰り返すことは、静的安定性に欠けることにも留意しなければなりません。

⑤避難については、優先的に避難しなければならない土砂災害警戒区域や浸水想定区域など居住地域の特性もあり、災害対策基本法第60条第3項による屋内避難等の指示もあるので、居住地域の特性を十分に理解して、「自分ごと」としての判断が求められます。

⑥今回、避難情報が改正されても、「どこの避難場所に、どのような経路で、どのような手段（徒歩・自動車等）で、（誰といっしょに）」避難するかは、市民それぞれに任されたままであり、指定緊急避難場所の開設等の時期（一般的にはレベル4）についての変更はありません。

⑦なお、「避難準備・高齢者等避難開始」（レベル3）は、「高齢者等避難」に変更されました。しかし、高齢者についての定義は、明示されていません。

（2）要支援者の個別避難計画の作成

市町村（基礎自治体）に作成努力を義務付ける（第49条の14）ことになりましたが、改正条文（第49条の15第4項）では、個別避難計画を作成することについて、避難行動要支援者の「同意が得られない場合は、この限りでない」と明記されています。法第7条では、災害の教訓の伝承について国民の義務と定めていますが、それと同様に、「市民の作成に対する協力」を何らかの形で表現しておくべきでした。次の改定時の課題になりそうです。

(3)「災害発生のおそれがある段階」での非常対策本部、特定災害対策本部、緊急災害対策本部の設置（第23条の3―第28条の6）」

この制度を活用すれば、わが国の「事前防災」は飛躍的に向上します。災害が切迫すれば（突発的な地震・津波を除いて）、公的な救助隊（警察・消防・自衛隊など）の事前出動と配備を実現できれば、居住者の広域避難のみならず、要支援者個別避難も、自主防災リーダーのみならず、これら救助隊による支援（自動車や航空機等）によってスムーズに実現できます。新しい地域防災のステージが開きつつあります。

(4) 広域避難の協議等（第61条の4）

第60条3項による「高所への移動、近傍の件粉建物への退避、屋内の野外に面する開口部から離れた場所での退避そのた緊急に安全を確保するための措置（「緊急安全確保措置」）を指示することができ、また、「当該市町村の地域にかかる災害が発生するおそれがある場合」には、「一定期間他の市町村の区域に滞在させる必要があると認めるときは、当該居住者等の受け入れについて、同一都道府県内の他の市町村の市町村長に協議することができる」（第61条の4）が定められました。

なお、このような市民への行動指示については、すでに「行政指導」の段階を超えています。また、第61条による警察官・海上保安官による指示は、明らかに「強制の処分」です。その意味でも、避難情報の発表から、避難完了までのプロセスのさらに具体的な個々の市民の行動について、事前の想定が望まれます。

災害時の避難に関する情報

警戒レベル	状況の概要	市民の行動	避難行動情報（市町村長が発表）	防災気象情報（気象庁が発表）（注：必ずしも行動情報と連動しない）
5	災害の発生または切迫	命の危険直ちに安全確保	緊急安全確保	大雨特別警報 氾濫発生情報
4	災害の恐れ高い	危険な場所からの全員避難	避難指示	土砂災害警戒情報・ 氾濫危険情報 高潮特別警報・ 高潮警報
3	災害の恐れあり	危険な場所から高齢者等は避難	高齢者等避難	大雨警報 洪水警報・ 氾濫特別警報
2	気象状況の悪化	自らの避難行動を確認	大雨・洪水注意報など	氾濫注意情報・ 大雨注意報 洪水注意報・ 高潮注意報
1	今後気象状況の悪化の恐れ	災害への心構えを高める	気象庁の早期注意情報	早期注意情報（警報級の可能性）

【制作：筆者】

〈参考〉令和３年６月17日から顕著な大雨に関する気象情報（線状降水帯の形成）をリアルタイムに発表することになりました（気象庁）。
・線状降水帯は、平成26年８月に広島市で発生した豪雨で大いに注目されるようになりました。
・気象庁によると、令和２年の球磨川氾濫を例にすると、「大雨特別警報」よりおよそ２時間早く、「氾濫発生情報」より、およそ３時間早く発表できるようになります。

COLUMN

「防災」は、「マス」から「個」へ

どれほどメディアが発達し、情報伝達手段が多様化しても、災害情報がまったく到達しない市民(筆者の過去の調査では、約5%)や、心身の諸事情から、避難場所に向かって容易に一歩が踏み出せない市民も相当数存在します。

令和3年5月の災害対策基本法改正では、市町村長に対して、避難行動要支援者について個別避難計画の作成努力が義務化され(同法第49条の14)、また、「緊急安全確保措置」の指示もあり、防災は、地域全体の市民に対する一般的な啓発や警戒情報、避難情報の発表から、地域コミュニティにおける自主防災活動の活性化により、個々の市民ごとに必要な情報の伝達や避難支援に変わり始めています。

このような、地域防災における、「マス」から「個」への質的変化は、これからの重要な社会的テーマです。

その場合、普段の避難行動要支援者個別計画の策定もそうですが、緊急事態において、地域コミュニティにおける指揮命令系統が不明確であることも大きな課題です(消防団は一定の時期に消防署長の指揮命令系統に入って秩序だった行動を取ります)。

今後は、防災リーダーも、非常勤の地方公務員に任命し、危機発生時には自治体の危機管理担当の指揮命令に従うような社会的仕組みの導入も検討するべきです。小学校区（指定都市では、区）ごとに「防災監」を設置することも考えられます。

少なくとも、今回の災害対策基本法改正における数々の「市町村長の指示」は、裁量行為を超えて「直接市民の権利義務を形成する行為＝処分行為」と考えられますし、そうでなければ、実効性は確保できません。

伝統的な行政による国民「庇護」と市民の行政「依存」のタテの関係ではなく、法令に基づく対応のみを良しとせず、地域における普段からの「官民の信頼と協力」によって地域安全を確保する道を選ぶような「防災」のあり方についても、法が、実質的に先行しているように思われます。今回改正された災害対策基本法の条項を、行政がどのように運用していくかが問われます。

なお、災害死「0」を目指す「新しいステージ」における「防災」は、個別計画要支援者の避難支援とともに、「正常性バイアス」や「確信的避難拒否者」の避難行動に取り組むことも非常に重要です。しかし、忘れてはならないのは、少しの社会的配慮や善意で救える命（要支援者でなくても、自力で避難することが容易に可能でない市民や乳幼児、ペットのいる家庭など）が相当数存在しているという現実から目を逸らすことはできません。まずは、そういう人々への支援を優先するべきです。

■「防災4・0」未来構想プロジェクト 有識者提言（内閣府）

２０１５年（平成27年）１月20日、国土交通省は、「新たなステージに対応した防災・減災のあり方に関する懇談会」の報告書を発表しました（参照：まえがき）。それによりますと、最近は、降水量や降雨パターンの変化による災害の激化、「今まで経験したことがなかった」という被災者に共通する意見、スーパー台風の例としてのフィリピンでの大型台風、温暖化の影響の四点について、「温暖化の進行により危惧されているような極端な雨の降り方が現実に起きており、明らかに雨の降り方が変化している」、「いつ大規模噴火が起こってもおかしくない」という状況を、「新たなステージ」と捉え、さらなる防災・減災対策に取り組んでいく必要があるとしています。

阪神・淡路大震災以来20年間、推進してきたわが国の「防災」の取り組みに一定の区切りをつけ、従来からの継続した防災の思想と活動に新風を吹き込もうとすることであり、防災のマンネリを断ち切るためにも非常に有効な宣言となりました。

あたかもそれを受けたかのように、２０１６年６月には、内閣府の「防災４・０」未来構想プロジェクトが、気候変動がもたらす災害の激甚化は、行政だけでなく一人ひとりが災害のリスクとどう向き合うかを考え、備えるための契機となるよう、あらたな防災対策の方向性を「防災４・０」と位置づけました。

「行政依存」からの脱却（P.90参照）で述べたように、わが国を取り巻く環境の変化と、少子高齢化など成熟国家において、行政のおかれた立場と政策も、大きく変革していく時代になりました。

そのような社会的変化にあわせて、市民の「防災」に対する考え方も変えて行かなければなりません。

先進的自由主義国家の国民として、この機会に、さらに、主体的な取り組みを強化していく自覚が必要です。

「新たなステージ」に対応する防災4.0　未来構想

防災のステージ	当該災害で課題となった事項と対策	防災基本理念
防災1.0 伊勢湾台風 1959年（昭和34年） 大規模な台風による多数の人的・物的被害	■防災に関する統一的な制度・体制の不在 〈災害対策基本法の制定〉 ⇨・中央防災会議の設置 ・防災に関する総合的かつ長期的な計画である防災基本計画の作成	抑止
第一のステージ 防災2.0 阪神・淡路大震災 1995年（平成7年） 住宅の倒壊やライフラインの寸断、交通システムの麻痺、多数の被災者の発生等の都市型災害による甚大な被害	■政府の危機管理体制の不備、初動対応における課題 ⇨・官邸における緊急参集チーム設置等の政府の初動体制の整備 ■耐震化が不十分な建築物の倒壊等による多数の被害 生活再検討を行えない被災者が多数存在 ⇨・建築物の耐震改修促進法の制定（平成7年） ・被災者生活再建支援法の制定（平成10年）	減災
防災3.0 東日本大震災 2011年（平成23年） わが国の観測史上最大の地震、大津波の発生による甚大かつ広域的な被害	■最大クラスを想定した災害への備え不十分 ⇨・大規模地震の被害想定・対策の見直し、「減災」の考え方を防災の基本理念として位置づけ、想定しうる最大規模の洪水等への対策（水防法改正）、大規模災害時の復興の枠組み整備 ■自然災害と原子力災害の複合災害への想定が不十分 ⇨・原子力規制委員会発足等の原子力対策の見直し（平成24年）	想定外
新たなステージ 防災4.0 地球温暖化にともなう気候変動がもたらす災害の激甚化	多様な主体が参画する契機づくりとなり、国民の一人一人が防災を「自分ごと」と捉え、自律的に災害に備える社会に向けた新たな防災フェーズへ	自分ごと

「防災4.0」未来構想プロジェクト有識者提言（平成28年6月）より筆者が作成

COLUMN

高度情報社会と災害情報の伝達

ICTの進展に伴って、ビジネス界でも「高度情報化時代における情報管理」というテーマが重要課題になってきましたが、専門分野関係者による広告の要素も多分にあるように見受けられます。インターネットは、個人による情報受発信を可能にし、2007年現在、地球を飛び交う情報は、ひとりの人間が一生に触れることの可能な情報量の約700倍にも達すると言われています。すでに情報洪水であるといっても過言ではありません。その情報のなかには、事実（真実）のみならず、誤解、誇張、虚言などが数え切れないほど含まれているでしょうし、虚偽の情報が、犯罪の増加や企業・公人のレピュテーションの低下に繋がるとして、情報流通に対する恐懼にとらわれる論考も多くなりました。

情報セキュリティの問題です。

確かに、Webを利用した犯罪等は増加傾向にありますし、個人への誹謗中傷やプライバシー侵害なども数えきれません。現代の情報社会における異常とも見える暴露的言説が、「情報過敏症」への招待状であることは否定しませんが、その内容をマクロ的に観察すれば、多くは一部の政治家やマーケッター等による身勝手な自己主張や部分的強調に過ぎません。四六時中スマホを手放さない市民の過半は、ゲームに夢中であり、情報の価値に関する意識は、情報量に反比例して希薄になっているとも言えそうです。

災害情報に関しても、防災行政無線による公式な伝達が技術的にも不十分なこともあって、インターネットによる個別伝達に期待が寄せられていますが、多くの要支援者が含まれ、最も速やかに情報伝達が必要な高齢者のインターネット利用率は増加傾向とは言え、決してその目的を全うするような状況ではありません。

最後に、なお、自治体が発信する避難情報等の受信登録や防災スマホアプリが注目されていますが、各販売店には、防災に関する地域協力の一環として、市民の新契約や機種変更時等に、その居住地域の防災情報が入手できる設定（インストール）を推奨する協力を求めたいと思います。

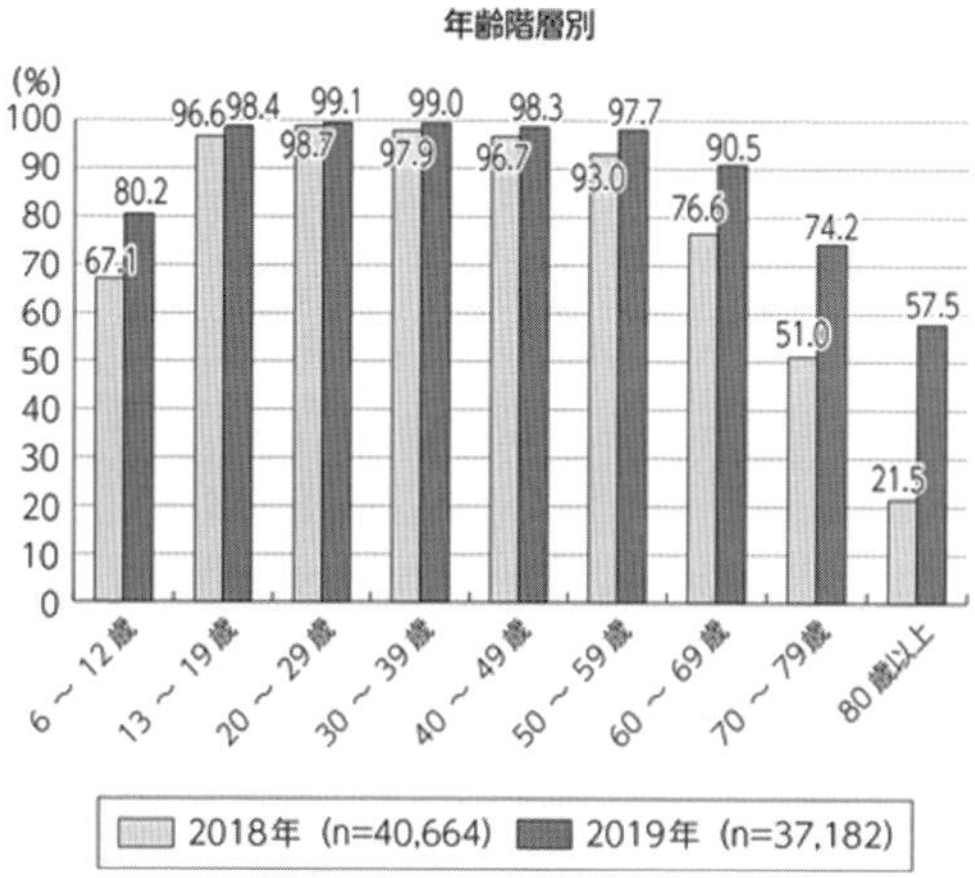

令和２年度情報通信白書（総務省）より

■社会構造と防災

世界は、二十世紀（戦争の世紀と呼ばれる）の終わりに、『世界の終わり』（フランシス・フクヤマ　三笠書房　1992）を迎え、『文明の衝突』（サミュエル・ハンチントン　集英社　1998）による文明と宗教の争いに遷移したというのが現代世界の基本構図です。そして、紆余曲折を経て、人間は、その対立を乗り越えようとしているかに思えるのは喜ばしいかぎりです。

わが国の19世紀から20世紀の戦争の時代を、「過ち」というような主観的評価ではなく、客観的にみれば、明治維新後の殖産興業や脱亜入欧をスローガンとした急激な工業化、近代化と市民文化との乖離がもたらした国民的亀裂ではないかと思います。また、第二次世界大戦後、占領軍による町内会（町内会（自治会））等解散命令（ポツダム政令15号　1947年）があったとはいえ、占領終了後（1952年）も、統治の最少単位として地域を包括する仕組み（包摂共同体）として、満足に維持できませんでした。

重点工業化によって、

「都市化の進展↓人間関係の匿名化・縮小化↓市民相互の連帯感の欠如↓砂粒のようなバラバラな個人↓孤独感、諸々の社会解体現象の発生」（園部雅久「コミュニティの実現性と可能性」『都市社会学』鈴木広他編、アカデミア出版　2001）というチャートは、この社会構造変化を端的に示しています。

そうしたなかで、20世紀の終わりに発生した阪神・淡路大震災は、わが国の近代化・都市化と「自然との調和」を忘れた現代資本主義社会の新しい歴史的亀裂として、高齢者の孤独死が大きな社会的課題として発現しました。わが国の文化と文明を、これからどのような方向に導くことが、災害によって偶さかに人生の終わりを強要されたり、生涯をかけて手に入れた家財を跡形もなく蹂躙にされたりする惨劇の減少に繋がるのでしょうか。激甚災害復興や被災者自立支援等の諸法制は整備されてきましたが、現在に至っても抜本的な社会改造計画はいまだ成立していません。

「防災」とは、国土開発計画と居住環境をどのように見直すのかという文明論的課題です。先に述べたように、20世紀後半、高度経済成長期に意欲的に取り組んだ社会インフラ（公共性の高い施設・設備）の老朽化（2030年代に50年経過が過半になる）が目前です。

「防災の主流化」（2000　国際防災戦略UNISDR）が叫ばれ、2015年以降は、「仙台防災枠組2015～2030」として取り組まれています。SDGs（2015 国連総会決議）によって、「防災」が人類全体の諸問題の一つに取り込まれることは、焦点があいまいになるのではという危惧を持っています。

COLUMN

危機管理の失敗

人間の力では防ぎようのない自然災害を前にした時、仮に、火山噴火の兆候があっても危険地域の指定によって人々の立ち入りを禁止するなど適切な対処を行わなければ、場合によっては多くの犠牲者をだしかねません。自然現象を原因にするものにも、現実には、人間のかかわり方いかんで結果を大きく左右するものもあり、これも失敗のひとつの形と考えるべきでしょう。

（畑村洋太郎「失敗学のすすめ」講談社文庫　2005）

東日本大震災・津波による被害は、はるか昔から経験してきたわけですから、今回の大きな被害は「科学と政治の危機管理の失敗」であり、福島第一原発事故は、建設費用および運用コストを下げるためにわざわざ丘陵を20ｍも掘り下げて、海面近くに建設し、非常用発電機を地下に設置しました。コスト削減を優先し、リスクを軽視した防潮堤の高さなどは明らかな「経営の失敗」です。

かけがえのない地球を汚染した国際的責めは、これからわが国民が気の遠くなるような永い期間、負い続けなければなりません。失敗を常とする人間が「失敗」を最小限にし、速やかに回復する方法を発見していないような技術（原子力利用）を、実用に供すること自体が「防災＝Risk management」の基本から逸脱していたのは間違いのないことです。

また、政治が失敗するとき、科学者はそれを正す役割を担うことが、真理を追究する者の良心として求められてきました。

しかし、「偶然性」とか「不確実性」をリスクと認識せず、あろうことか、「想定外」も含めて、それらを未完成な学問の免罪符として利用するような科学者の姿勢は、許されるものではありません。

アメリカ軍にも危険性を指摘された浜岡原発（静岡県御前崎市）の稼働停止を、恨みがましく「後世の歴史が判断する」などと他人事のように評する為政者も、明らかに現実から目を逸らせています。そして、相変わらず資源の乏しい国の常として、原子力発電のウエイトを高めるべく策動し始めています。一度、大きな失敗をしたのですから、もう、そのような種を蒔くことはやめなければなりません。それが、失敗学の結論ではなかったのでしょうか。

なぜ、わが国は、東日本大震災における数々の失敗に気づいて、この機会に、民主主義とは、自己本位の意見を通すことだとか、利益至上主義が正義だとか、大きな誤解してしまった資本原理主義を正す機会にできなかったのでしょうか。

＊国際原子力機関（ＩＡＥＡ）は、２０１７年９月、東電や日本政府の規制当局に対して、「津波の危険を認識していながら、実務的な対策を怠っていた」とする最終報告書をまとめています。

■災害体験の風化

映画「敦煌」（1989年　大映・電通　原作：井上靖）の冒頭は、烈風が砂を吹き飛ばしていくと、次第に歴史の遺物が姿を現すシーンから始まります。

「どこか遠くへ連れ去られるような」リリカル（抒情的）な場面を思い出すと、今でも背中がぞくぞくしてきます。私のシルクロードオアシスの道と「風化」という言葉のイメージは、あのシーンにフレーミング（思考の枠組み）されています。

震災の体験と教訓を同一視するのは正確ではありませんが、すでにアニバーサリー・ジャーナリズム（記念日報道）と揶揄されるようになった一年に一回の報道であっても、事実を伝えるだけではなく、どうしたら「風化」を防げるかを市民の目線で論じて欲しいものです。

例えば、従来通り、モニュメントや被災展示と語り部の話を継続するべきなのか。それとも画期的な「風化」※を防ぐ手立てはあるのか。また、年年歳歳、市民の構成も変わり、新しい人が生まれてきますから、生活習慣も含めた市民文化がどのように変わってきたのかを検証していく必要があります。

ところで、1・17（阪神・淡路大震災）が近づくと、行政や市民主催のメモリアル行事が行われますが、先日届いたある防災シンポジウムの講演者のなかに、26年前、私とともに大震災の検証作業をした研究者やマスコミ関係者の懐かしい名前がいくつかならんでいました。

防災には、経験的な智恵を今に生かすための帰納的（個別的・特殊的な事例から一般的・普遍的な規則・法則を見出そうとする論理的推論の方法）な作業は必須ですが、それとともに、世代の違う多様な意見や新しい切り口を参考にして、絶えず進化（状況適合）と進歩（思想、内容の充実）を目指す必要があります。

26年前と同じような感覚で防災論を唱えても、必ずしも現代の実情に合わないかもしれません。忘れ物を取り戻すことも大切ですが、災害の評価や視点が固定してしまうことも望ましいことではありません。

新しい人材の知恵と活動に大いに期待しています。

※「風化」の意味について

広辞苑（第5版）によると、「風化」とは、「①徳によって教化すること。」とあり、「②地表およびその近くの岩石が、空気・水などの物理的・科学的作用で次第にくずされること。比喩的に、心にきざまれたものが弱くなっていくこと。」とある。これにより、「風化」の意味を①と説く場合があるが、一般的には②と理解されている。

COLUMN

「雨傘のたとえ」

アマゾンのヤノマミ族は、毎日、雨が降るように祈っているという。雨が地球の汚れを洗い流してくれるようにと、願いながら。雨が降ったら傘をさすのは、現代の日本人の常識である。しかし、いったいいつから雨を疎ましく思い、傘を差すようになったのだろうか。

（「縄文の生活誌」、岡本道雄、講談社、2000）

「雨が降ったら傘をさす」というあたりまえの行動すら、「自然と共生」する生きかたにとっては「疑い」の対象とすべきであるという岡本道雄の指摘に膝をたたきました。

私たちは、雨の朝、傘を持って出かけるのが「億劫だね」と会話することがあります。外出中の突然の雨にも、洋服の濡れや、水冷による身体的影響などを慮って「困ったな」と口に出します。とはいえ、雨は、季節や時の背景として詩歌に歌われることも多く、必ずしも全面的に雨を毛嫌いしているわけではありません。

地象・気象の異常現象について疎ましく感じるのは、命を育んでくれた母なる地球に対する礼を失することかもしれません。少しの雨に祟られ、濡れることが、直ちに社会生活や健康にも差し障るような、怯懦な生活文化を創造したことを、人間の身勝手さであると捉えるのも「自然との共生」を実感する意義深い見解です。

先史時代から営々と行ってきた治水治山の工事も、必要に迫られたとはいえ、自然との無謀極まりない闘いともいえましょう。しかし、愚かにもいつのまにか自然を抑え込む（治する）技術を取得してきたつもりになっていました。昨今の自然は、そんな人間の埒もない抵抗など歯牙にもかけないくらいに強力な鉄槌を下します。

現代の暮らし振りのままで、ほんとうに「自然との共生」ができるのでしょうか。少なくとも、沖積平野（河川によって運搬された礫や砂などが堆積して平野となったもの。水害の危険が高いが、利水しやすく肥沃で平らであるため農耕に適する）の恵みを享受しながら、河川の浚渫も十分に行わず、土砂災害危険区域にまで宅地開発を広げていった20世紀後半の都市計画を全面的に見直す必要があります。

もちろん、直ちに現在の生活スタイルを変えることはできませんが、ヤノマミ族のように、自然現象を前向きに捉えて、「自然との共生」のあるべき姿を想定することから始めなければなりません。

■教訓の伝承

２００４年12月26日(日)に発生したスマトラ島沖地震(Ｍ９・１)は、１９００年以降では、チリ地震(１９６０年５月22日(日)Ｍ９・５)、アラスカ地震(１９６４年３月28日(土)Ｍ９・２)に次いで３番目に大きい規模でした。その規模は、十勝沖地震(２００３年(平成15年)９月26日(金)Ｍ８・０)の約40倍、東日本大震災(２０１１年(平成23年)３月11日(金)Ｍ９・０)の約１・４倍のエネルギーであったと言われています。

６〜７分にわたり揺れが続いたそうです。インド洋沿岸14か国など世界約20か国で大きな被害が発生しました。死者は、約22万と推定されています。海辺の保養地に多くの外国人観光客が訪れていたため、スウェーデンやドイツをはじめヨーロッパからの旅行者を中心に外国人被災者も多く、日本人も44人(死者・行方不明)が犠牲になりました。

ところで、震源から約60㎞しか離れていないシムル島では、当時約８万人が住んでいましたが、地震による津波で亡くなったのは、７人でした。同島では、１９０７年１月にもＭ７・５の地震・津波により大きな被害が出ましたが、その後、島民に「もし強い地震が来たら、高いところへ逃げよう」と教訓が叙事詩や子守唄として歌い継がれてきました。

「地震→引き波→津波→高台へ避難」という連想が、市民の知恵として定着しており、自然に体が動いたと言います。

津波発生時には、大人も子どもも、それぞればらばらに素早く避難しなければなりません（「津波てんでんこ」の伝承）から、シムル島で歌い継がれる叙事詩のような、誰にもわかりやすい言葉で具体的な避難行動の伝承が最も有効です。

ところで、インドネシアのアチェ州では、インドネシア政府とアチェ人武装勢力との間で、独立戦争が続いていましたが、武装勢力は地震直後に停戦を宣言し、兵士は、それぞれ自分の村に帰って復興に従事したそうです。２００５年８月には、政府側もこれに応じて内戦は終結しました。自然には、そのような神秘の力がそなわっています。

現在でも世界には、18～20世紀の帝国主義や植民地主義による搾取と暴虐の傷跡に苦しんでいる国や地域がたくさん存在しています。１９７０年ペルー地震、１９７６年グアテマラ地震、１９８５年メキシコ地震、２０１０年ハイチ地震……などが発生した国では、政情不安が続き、国民の安全確保も十分ではありません。

「長い植民地支配のあいだに、従来の比較的安定した社会・経済・文化的構造が崩されていった社会過程のひとつの帰結である。」（Oliver-Smith 1999）と評されています。

大災害の発生によって、人間の歴史が変わっていく事実を心に刻んでおく必要があります。自然には、そのような神秘の力も秘められています。

COLUMN

大津浪記念碑

１９３３年（昭和８年）昭和三陸地震による津波の後で、岩手県宮古市重茂姉吉地区に建てられた石碑。

（撮影：柾本伸悦）

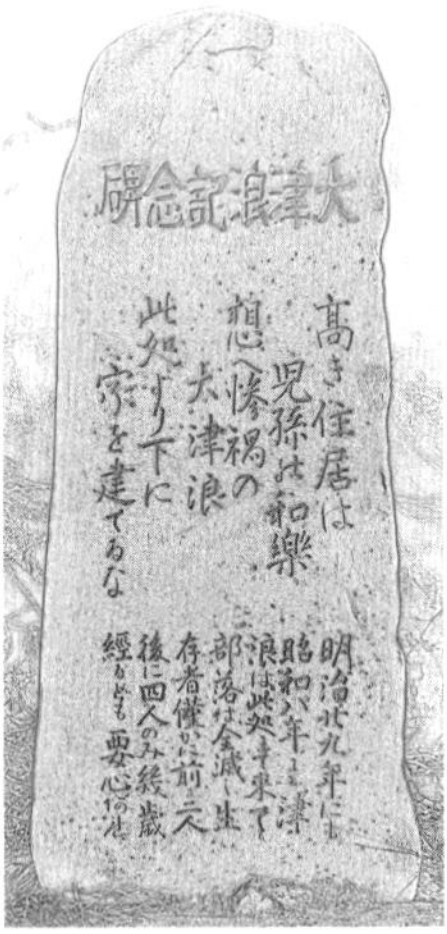

ひかり拓本データベース
https://takuhon.lab.irides.tohoku.ac.jp/hibun/detail/iwate77/

「魔法の石碑」と呼ばれるこの石碑には、「１８９６年６月15日の津波は、11戸の集落を襲い市民78人のうち生存者は２人。37年後、１９３３年の津波では、１１１人が犠牲となり、わずか４人が生き残った」と記録されています。

２０１１年の大津波では、姉吉地区は、石碑の教訓を守ったおかげで、津波は、石碑から約50ｍ手前で止まり、たまたま他所にでかけていた４人以外の被災者はありませんでした。この大津浪記念碑石碑のような具体的な行動指示の記述がされたものは「教訓型」と呼ばれます。

わが国には、災害伝承石碑949基が国土地理院地図に記載されており、現実には、2000基以上あると言われています。しかし、大多数の石碑は、記念碑や鎮魂碑であり、この石碑のような具体的な行動指示は表記されていません。

災害の伝承は、事実を語り伝えるだけではなく、地域ごとの教訓から市民が具体的な避難行動を抽出し、それを知恵や文化として受け継いでいく必要があります。

防災リーダーによる、各地域における教訓の解読活動（具体的行動への読み解き）が進むことを望んでいます。


〈教訓を具体的な行動にするためのプロセス〉

①被災体験を聴く（読む）
②いざという時の具体的な避難（災害回避行動）行動を策定し、地域の知恵として市民に周知する（この作業は、地域の防災リーダーの重要な仕事です）。
③発災時には兆候や情報から危険を認識する
④教訓を思い出し、速やかに具体的な安全行動を取る

■生活習慣や文化の見直し

２０１７年（平成29年）の春、時間を見つけて広島市の８・20（２０１４土砂災害）被災地を歩きました。被災から丸３年を経ても、被災現場には、多数の重機が唸り声をあげ、一方で災害前から蓋のない道路際の側溝はそのまま放置されています。災害復興、都市再建というステージのどこかに見逃している隘路があるかのような違和感を覚えてしまいます。

被災地区の防災のため、さらに山奥の土砂止め工事（砂防堰堤の設置）が必要なのは理解できますが、市民の生活場所の復興は、明らかに後手に回っています。そして、いずれどのように巨大な砂防堰堤も、ふたたび山から流れ下ってきた土砂によって満杯になります。その時は、再び何らかの対処が必要になります。

果たして、砂防堰堤による復興以外に道はなかったのか、そういう根本的な議論をした十分に尽した覚えのないままに、復旧工事はどんどん進捗しています。

ところで、近年のさまざまな被災地において、特に気にかかっているのは、各地の墓地の復興です。

被災当時のまま、墓地の片すみに欠けたり割れたりした墓石が山積みになっている光景に驚きました。地震や土砂災害に限らず、風水害によっても墓碑が簡単に倒れてしまいます。倒れた墓碑を元に戻し、墓所を元通りに整備するのは、相当の費用と労力を要する作業ですが、マスコミ報道ではほとんど取り上げられない顕著な被災事実の一つです。

思い起こせば、新潟県中越地震（2004年（平成16年）10月23日（土））で壊滅的被害を受けた山古志村では、全村民既存まで3年2か月を要しましたが、帰村したとき最初に復興したのは祖先の墓地、次に特産品の鯉の養殖池であり、自宅は最後であったと伝え聞きました。祖先への感謝と祭祀を最優先するのは、村民コミュニティが、祖先を絆に結びついている証です。

都会では、宗派も多様ですし、無縁墓もあり、想像を超える宗教上のさまざまな理由も復興にとって大きなハザードになっているのかもしれません。しかし、災害時に墓地を復興することについて、行政の支援としても、政教分離等の条項（憲法20条、89条等）に拘泥しない超法規的措置が必要ではないかと思います（最判平成5年2月16日箕面忠魂碑・慰霊祭違憲訴訟）。

なお、災害時に墓碑が簡単に倒れることにも疑問があります。重い石は倒れるとどこかが欠けたりして、二度と使い物にならなくなるものも多いことは、過去の大災害でも顕著でした。災害が多発する時代には、石材店の工夫の見せどころです。災害大国における墓石の設計構造や材質の多様化も大きなテーマだと思います。

「防災」という営みは、次の社会へのあらゆる角度からの生活習慣や文化の見直しと備えが必要です。

COLUMN

災害と人間の安全保障（United Nations Development Programme（UNDP））

安全保障の課題が一層複雑化し、多様な関係主体が新たな役割を担おうとするなかで、われわれはそのパラダイムを再考する必要があろう。安全保障の焦点は国家から人々の安全保障へ、すなわち「人間の安全保障」へ拡大されなくてはならない。
（人間の安全保障委員会事務局「人間の安全保障委員会：最終報告書要旨」2003・5・1）

防災行政無線の機能上、広範な地域全体に向かって避難情報が発表されますが、それを受けて、全市民が避難することは、避難場所の収容力から不可能です。このような雑駁さは、一日も早く早く改善されなければなりません。普段から土砂災害警戒区域や洪水浸水想定区域等の避難優先地域を明確にしておくことも必要です。

残念なのは、テレビで放映される公民館や学校体育館の避難場所の光景は、災害対策基本法が施行された1962年当時とほとんど変わっていません。

「わずか数日の避難について、寝る場所と食事が提供されるだけでありがたい」という、わが国の伝統的な恩顧思想が、そのまま行政に引き継がれているはずはないと思いますが、阪神・淡路大震災の後、東日本大震災後にも、政府から「避難場所の被災者や避難者の生活に血の通った暖かい処遇」（避難場所における良好な生活環境の確保に向けた取り組み指針）をするようにという通達が発出されているにもかかわらず、地方ではその趣旨は十分に達成されていません。

世界的には、毎年、何十万人の災害避難者が発生するのに、なぜ避難場所の設備は改善されないままなのかという問題提起から、１９９７年、非政府組織（ＮＧＯ）グループと国際赤十字・赤新月社連盟（ＩＦＲＣ）によって開始された難民や被災者に対する人道援助の最低基準を定めるスフィア基準（Humanitarian Charter and Minimum Standards in Humanitarian Response）が公開されました。

世界の防災対策が、災害被害の抑止・軽減から「尊厳ある生の保障」（Commission of Human Security 2003）に転換され、被害が発生しても被災者の生活が、従前よりもさらに充実したものになるような復興と自立が達成される社会的仕組みの構築を目指そうという取り組みには、誰も異論はないはずです。

災害大国としてこれからも「自然と共生」して生きていかなければならないわが国においても、「いったん、災害に遭遇したら、その人の人生が大きく狂ってしまう状況」をなんとか軽減していく社会的支援についての統合した仕組みづくりが不可欠です。

感染症と防災

漸く、この時代の人心の糸の縺れを解いていくカギは、「人新世《ひとしんせい》(anthropocene)」の時代と認識するべきであると社会が認め始めました。

20世紀後半から、心ある識者によって指摘されてきた人類による野放図な地球環境の破壊と略奪への償いの時代という位置づけとそのための行動への道しるべです。命と種と自然環境をないがしろにしてきた西洋近代以降の進歩史観への悔悟でもあります。しかし、そのような未来を見通す重要な発想も、現在地球を覆う新型コロナウイルスによるパンデミックにより、半透明のベールがかけられ、地球温暖化防止（二酸化炭素排出の削減）計画は唱えられても、確実な人類の未来設計図を描くには至っていません。

ここ数十年、本格的に取り組もうとしてきた、国土強靱化と防災文化の定着すら棚に上げて、接客業の営業自粛とマスクやアクリル板による防護でこの危機を乗り切ろうというのも、この数百年、ひたすら欲望を追求してきた人類の母なる地球への冒涜ではないかとすら感じます。

急遽開発したワクチンから遺伝子に直接刷り込まれる新しい遺伝情報のせいで、人類は、未来のさらに邪悪なウイルスによって打ちのめされるかもしれません。

歴史に残る幾度かの感染症は、新しい社会への糸口となりました。

この度は、人類の偉大な実験であったEUの分裂にはじまり、アメリカ民主主義の稚拙さの露呈、旧東側諸国ロシアと中国の専制政治の強化、まるで半世紀以上も前の出来事のようなミャンマーの軍事クーデター、そして、ほとんど報道されないサウスワールドでの貧困と社会的混乱と厖大な死者の現状を、冷静かつ俯瞰的に組み立てなおそうとする地球的試みは一向に前進しません。

現在のパンデミック（世界的大流行）が数年後にはなんとか鎮静化したとしても、それで破壊されてしまった世界経済と文化の再興は決して容易ではありますまい。あわせて、当然のように推進してきた、グローバルやインターナショナルという発想そのものが、大きな蹉跌を迎えました。この機会に、むやみな再興を目指すのではなく、「人新世」の発想をもとに、あるべき世界的調和を求める必要があります。

ところで、感染症に対する市民防護をないがしろにするべきではありませんが、災害が発生したとき、実際には、それぞれの地域における災害と感染状況によって、避難してくる市民に対する対応の優先順位も決まってくるはずです。必要に応じて冷静に可能な隔離（医療機関への搬送・避難場所の区別・避難場所内における別空間）がなされるべきであり、現実にはそれ以外の選択肢はありません。

危機管理の基本を忘れた個別の危機対応は、時に視野狭窄を引き起こす可能性もあり、官民双方にとって不幸です。

COLUMN

複合災害と避難場所

いくつかの包括自治体の発行した「新型コロナウイルス感染症に係る避難場所運営マニュアル」を見ると、基礎自治体（実施自治体）への指示内容が並んでいます。

大項目は、

①市民への事前の通知
②市町における事前準備
③避難場所開設後の対応

となっており、そこにそれぞれの注意事項が記載されています。特に目をつくのは、「自宅が安全だと判断すれば、自宅に留まれ」とか、「自動車避難を推奨する」記載があることです。

この小冊子を読み込んでも、残念ながら、現在の感染症大流行に対する行政としての姿勢や市民の心得についての表記は見られません。

それもそのはずであり、この度の新型コロナ感染症に対して、政府をはじめ自治体も、あたかも「火災現場における消火活動による火の勢いの鎮静化」と類似の発想しかなく、日々のPCR検査陽性者の数に一喜一憂しながら、国民に対して行動自粛による感染防止を叫ぶのみです。そこに確固とした一筋の道しるべが指示されていれば、現在のようなSNSにおける権力批判の罵詈雑言に満ち溢れた社会的品位の低下は、少しは改善されるはずです。

特に、避難場所における感染防止策については、避難時点の問題とするのではなく、普段から、取り決めておく必要があります。発災時に避難場所の入り口でトラブルになるような事態をできるだけ避けるための方策を地域で計画しておかなければなりません。

過去の人類の感染症世界大流行の経験が、どのように人類文化に定着し、特に近代社会において物心両面から感染拡大に備えてきたかについては、今回のすでに三年に及ぶ世界的な感染を見返しても、ほとんどその片鱗すら見えてきません。誤解を恐れずに言えば、まさに地震などの突発的な災害に対する事後的対応と全く変わらない対応が採られています。

つまり、人類は、予測が不可能な、目に見えない脅威については、「想定外」という言葉の発見によって、その備えの欠如について贖罪される手段を予定していると言えるかもしれません。世界中の人類が、そのような無力感と諦観を抱えて、霧が晴れる明日を待ち望んでいるのが実情です。

先日まで、私たちは自然災害の発生予測すらできない自然科学の現状に失望の念を抑えきれず、苛立ちを抑えられませんでしたが、科学に対する過度な信頼への再考が必要なようです。

■事業継続計画（BCP）と鉄道の計画運休

想定しうる危険をコントロールするのがリスクマネジメントであり、想定できない（想定を超えた）突発的な危機をクライシスマネジメントとする考え方があります。リスクとクライシスの異質性と対応の違いを明確にし、普段からの危機回避責任の所在をはっきりさせようとする考え方です。事故や災害が発生するまでをリスクマネジメントとし、発生後、復興までをクライシスマネジメントして、時間の経過によって対応と行動を統一するほうが合理的だと考えられています。

ところで、一般企業の多くでは、いつ起こるかもしれない突発的事故や災害（クライシス）についての危機管理マニュアルなど作成する人材やコストの余裕がありません。しかし、「危機をいつも身近に感じておく必要のある現代社会」においては、コア事業の継続とサプライチェーンへの影響を考慮したBCP（事業継続マニュアル）の作成が求められており、それを後押しするために国際規格（ISO 22301（Business continuity management systems — Requirements）や国内法制化（例えば、中小企業強靱化法2019）が推進されています。

欧米的な明確な分業をベースにした効率化は、わが国の国民には、文化的に違和感や弊害があり、多能工を目指して人材育成が充実しているわが国の企業では、柔軟な状況適応を可能にする智恵と発想と覚悟が根付いているのではないかと期待しています。また、すでに、万難を排して単独企業の事業継続を推進する（BCP）だけの発想を乗り越えて、社員の命と生活の保護および企業市民としての地域協力の重要性（防災基本計画2005年7月）を認識し始めています。BCPのみならず、知己防災計画への積極的な参画は求められています。

2014年から、JR西日本が嚆矢となり、事前防災のための「計画運休」が進められており、産業界のBCPにも大きな影響を投げかけています。

社員の通勤の足である鉄道が（突発的に発生する地震は別として）、災害発生の可能性があれば、事前に運休することによって社会と市民の安全を守るという方針は、BCPに必要な労働力の確保すら難しくなりますから従来のBCPは、根底からの見直しを迫られています。災害が多発する時代に至って、いよいよ西洋近代から継続してきた産業社会の経営思想は、企業と市民の命を守るための社会的存在として、従来思想を変革していく時代に入ろうとしています。

	従来の考え方に加え、新しい発想をプラスする。	
BCPの四つの視点	①人命の安全確保	○従業員の安全対策 ○帰宅困難者対策 ○被災従業員への救援（支援）
	②二次災害の防止 ③事業の継続（BCP）	○重要業務の継続・早期復旧 （製品・サービスの供給） ○サプライチェーンの対策 （複数化・流通拠点の多重化） ○情報開示（広報・IR）
	④地域貢献・地域との共生	

COLUMN
企業に期待される地域貢献

項目	内容
「地区防災計画」の策定や地域との平時からの協働	地域に存在する企業がリーダーとなって、ＢＣＰなどで培った防災知識や技術を提供して、地域防災力を高める活動
備蓄した食料や救援物資の提供	食料品・飲料水の提供、自社製品（生活必需品）の提供、重機などの資機材の貸与、医薬品の提供、救助・救護・介護用品の貸与
被災者・避難民へのスペースや設備の提供	敷地や建物を一時避難場所として提供、トイレ・風呂の提供、駐車場や広場を避難車両の駐車場に提供、帰宅困難者や近隣負傷者の受け入れに利用
救援や救護の専門家・ボランティアの派遣、復興支援	住民の救助・救護、負傷者の応急手当、医療救護活動、応急対策活動への専門知識を持つ社員の派遣、物資・水の輸送、復旧作業の支援（社員ボランティア）
災害情報の一般市民への提供	自社や業界ネットワークを活用した地震情報、救援情報などの収集と近隣住民への伝達、その他通信手段の活用
早期復旧による地域活力の維持	事業の早期開業（ＢＣＰ遂行）による地域活力、雇用の維持 （一般的義援金および自動車・家具・電気製品等の無料修理等を含む）

【制作：筆者】

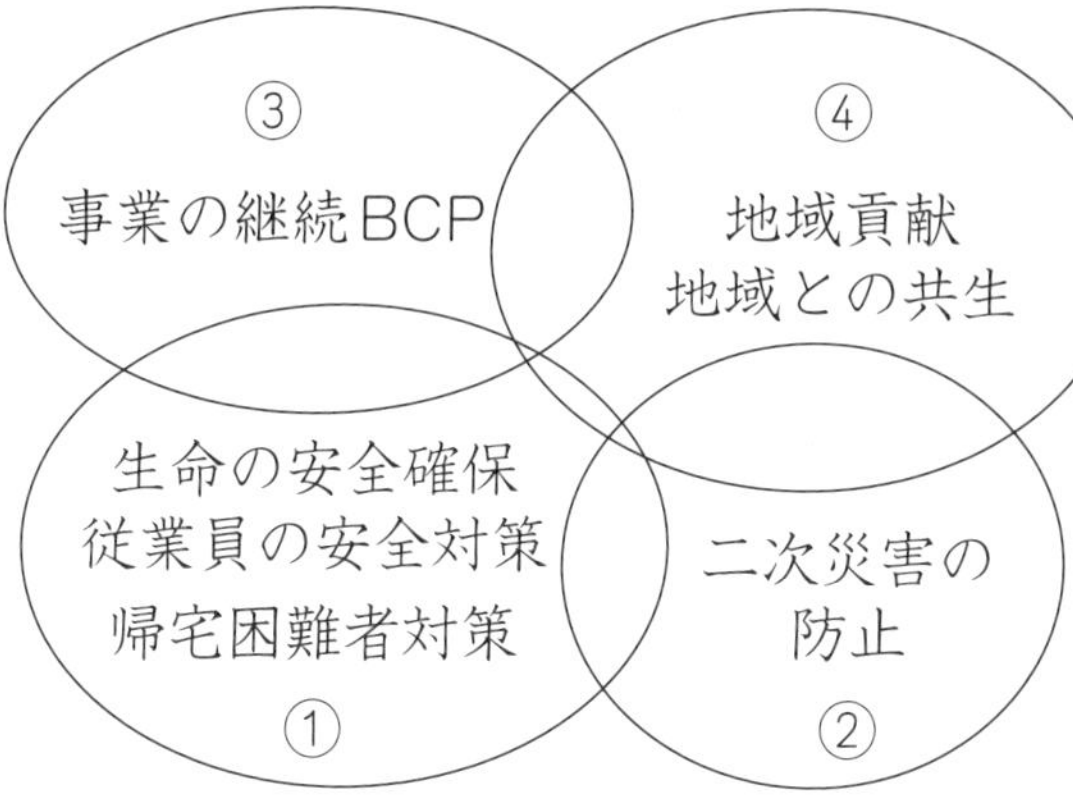

災害時に企業が果たす役割　【制作：筆者】

自治体と企業の連携協定について

自治体と民間企業が、相互に緊密に連携し、双方の資源を有効に活用した協働による活動を推進することにより、地域ブランドの推進、地域の一層の活性化および防災対策など市民サービスの向上を図る例が増えています。

＊ソーシャル・ライセンス（SLO：social license to operate）

社会的営業免許：欧米には、企業等は地域社会からの許可があって、はじめてビジネスが許されるという考え方が存在します。地域貢献を積極的に行うことで、地域社会がその企業を受け入れてくれるためのライセンス（資格）です。

■行動心理学と避難

多くの行動主義者（行動心理学者）に共通する仮説は「自由意志は錯覚であり、行動は遺伝と環境の両因子の組み合わせによって決定されていく」というものです。その定義のもとで災害時の市民の避難行動を分析しようとするならば、被災各地域の市民意識と生活文化に関する民俗学的なフィールドワークが必須です。

また、「行動心理学的視点による分析」がいくら整っても、それが望ましい避難行動に繋がるかという根本的な疑問が残ります。なぜなら、市民の避難行動の遅延や拒否は、正常性バイアス等の各種バイアス以外に、町内会（町内会（自治会））等と自主防災会との関係、自主防災組織役員や隣人との人間関係、地域共同体内の彼我の勢力関係、普段からのコミュニケーションとその態様等が複合的に影響しあっている事実を直視しなければなりません。防災も災害も、地域ごとに違う顔を持っています。

否応もなく、災害と共生してきたわが国の人々にとっては、そもそも土砂災害警戒区域における住居も、インフラ整備も不十分な新興住宅地域におけるベッドタウン生活も、明示的に表現するか否かにかかわらず、その危険を自ら受容してきたものであるのは否定しようもありません。

すなわち、避難行動の問題は、個人の内的感情にアプローチすることでは、まっとうな答えがでないものです。外部との人間関係による義理や人情、家族、友人や知人からの助言や懇請が引き金になる場合が多く、例えば、「自分が命をなくすことで、愛する人に悲しい思いをさせられないから避難しなくてはならない」という責任感が重要な避難行動のキーになりますし、実際の避難行動につなげるためには「自分ごと」などと言わず、今にも命にかかわる緊急事態であるという強いメッセージを伝達する必要があることは、本書で主張してきたとおりです。

高みから抽象的な防災の必要性や避難行動を唱えるだけでは、神社のお守りほどにも市民の精神を安らかにしてくれません。

避難場所に向かう「豪雨によって川のようになった坂道」（実際に、豪雨の最中に避難勧告や避難指示が発表される場合が多い）に、要支援者までを無防備のまま無理やり引き出す権利など誰ありません。それが、多くの市民が行政の呼びかけによって「逃げない」ことの理由のひとつなのです。

レーニンやスターリン（19～20世紀初頭のソビエト連邦の政治家）が指摘しているように、「人間は、本質的に怠惰であり、責任逃れをし、それでいて功名を欲しがる倫理観の乏しい生き物だ」という見解には全面的に共感しませんが、「自由がかけがえのない物であるからこそ、自由は慎重に割り当てなければならない」（レーニン）、「現実と理論が一致しなければ現実を変えよ」（スターリン）という強い言葉に、現代防災の実態を重ねて深く考えさせられます。

防災と社会変革（小括にかえて）

（1）災害情報の確実な伝達

本文にも触れましたが、気象情報から、避難情報までの各種の災害情報は、あらゆる手段を使ってすべての市民に、その意味を周知徹底しなければなりません。そして、いざという時の情報発信についても、全員に到達できる方策が必要です。現代は、メディアも多様化していますから、徹底したメディアミックスを利用するとともに、高齢社会の実態として、地域の防災リーダーによる直接の声がけも疎かにできません。可能な限り完全な情報伝達システムの構築については、伝達責任の所在を含めていまだ曖昧なままで放置されています。速やかに具体的な仕組みの構築が必要です。

（2）防災リーダーの地域活動（地域防災の仕組みづくり）

行政は、特に阪神・淡路大震災以降、防災リーダー（ここでは、防災士を含む）養成に力を注いできました。志の高い有意の防災リーダーを養成してきたのですから、地域コミュニティにおける具体的な活動の受け皿（自主防災組織）と行動基準が提示されなければなりません。抽象的な「共助」の推進を期待するだけでは、各防災リーダーの個人的な意識と行動に依拠し、組織的な地域防災力の向上に繋がっていないのが実態です。わが国における政治の基本理念にかかわりなく、国を挙げての新しい仕組みづくりであるという発想が不可欠です。これを、市民の自己責任の問題として突き放しては、折角、養成してきた防災リーダーの成果が実現できません。

（3）危機発生時の「避難命令」の発令へ（資料1）（2ページ参照）

大災害が発生し、または発生する恐れがある時点で、資料1に述べたように「防災＝リスクマネジメント」は、「危機管理（Crisis management）」に遷移します。その時点での「避難指示」は、刑法第37条や警察官職務執行法第4条と同様に、「人の生命若しくは身体に危険を及ぼす場合」として、強制的な緊急避難（命令）であるという位置づけが必要です。現在でも、国も行政も「避難指示」等については、「発令（命令を発する）」という用語を使用していますし、多くの市民にも、そのような認識が存在します。現在のような避難情報の発表だけでは、「命」が守れません。あわせて、地方行政の組織も、多くが「危機管理室」というスタッフ組織です。速やかに、ライン組織として、公権力の行使に相応しい責任部署に変更する必要があります。

（4）市民と行政の信頼関係の強化（資料2）（76ページ参照）

市民の自己責任・自律的行動は、特に高齢者をはじめ社会弱者・災害弱者等には、とうてい困難な要求です。これでは、あたかも「自由の刑に処せられている」（サルトル）と言っても過言ではありません。

「さあ、早く避難しなさい。」と高みから背中を押すことも、対象となる市民や置かれた状況によっては有効でしょうし、行動経済学による見識や防災マーケティングなど資本主義による購買手法の応用も唱えられていますが、いざという時、指定緊急避難場所において、「さあ、はやくここまでおいで。」と呼びかける包容力と優しさ（行政の発想転換）が、速やかな自律的避難行動を促す基本的な立ち位置であるべきです。行政のソフト・パターナリズム（個人に十分な判断能力、自己決定能力がないときのサポート）と、市民の自己責任・自律の精神（行政依存からの脱却：市民の発想転換）は、決して相反する思想ではありません。

（5）過去の災害検証会議（有識者会議）における改善提案や提言の実現

大災害が発生した後には、被災行政において災害検証会議（有識者会議）が設置されます。そこでは、かなり多数の提言や改善点がまとめられます。しかし、同時に、ハード対策（防災工事）を除いて、それらの提言の実現について具体的なロードマップが作成されることは稀有なのが現実です。新しい災害が発生し、依然と同じような提言が繰り返される前に、過去の検証会議の提言を速やかに実施する姿勢が必要です。

（6）国土利用と国民生活の抜本的なイノベーション

人口の減少局面に入ったわが国において、災害対策基本法や防災基本計画、被災地復興支援に関する諸法令のみならず、都市計画法、都市再生特別措置法、建築基準法、森林・林業基本法、土砂災害防止法や集団移転促進事業に係る国の財政上の特別措置等に関する法律等国土開発関連法令や関連行政の条例等の大胆な見直しを行い、東日本大震災に伴う高台移転のみならず、20世紀の負の遺産とも言われる急傾斜地や浸水想定地域などの災害危険地域から安全地域への市民の住居移転を強力に推進しなければなりません。そして、新たな「国土のグランドデザイン」（対流促進型国土構想：国土交通省）によって未来に向けた安全なまちづくりを実現するためには、社会経済活動における抜本的な意識改革と構造改革が必要です。

(7) DX社会への懸念

政府や財界が推進するDX（デジタル・トランスフォーメーション）についての認識も重要です。災害時は、災害対策本部などの被災状況の把握等に強力なツールとなると謳われています。しかし、デジタル化によるメリットとともに、今まで人間が経験したことのないような情報の氾濫と無秩序が待っています。それに対応する人間社会の仕組みは、いまだデジタル化の進歩に追いついていません。あたかも、原子力の開発に夢を追い求めたように、人間の能力を超えた社会においてどのような混乱が発生するのか、地に足のついた考察が必要です。

(8) おわりに〜「防災」は、「マス」から、「個」の時代へ

令和3年の災害対策基本法改正によって、「避難行動要支援者の個別計画の策定」が行政に義務付けられたこともあって、「防災」は、今後ますます、「マス」を対象にした活動から、「個」

の問題に向き合う必要性が明確になってきました。

平時からの地域コミュニティにおける防災リーダーと市民の「顔の見える関係」が、さらに強力に命を救う礎になります。また、「災害が発生するおそれのある段階」での特定災害対策本部や非常災害対策本部の設置の設置は、今後の事前防災の強化のための大きな前進です。できる限り、有効に運用して、市民の事前避難や安全確保に努めて欲しいと願っています。災害死「0」への一歩です。

資料4　第二次世界大戦後の大災害と対策～法整備と教訓

【制作：筆者】

時期・災害	関連した主な法整備	契機にした防災体制の強化	キーワード（教訓・提言など）
1945年9月17日 枕崎台風			小説『空白の天気図』（柳田邦男） 気象情報・防災情報の重要性
1946年12月21日 昭和南海地震（M8・0）	1947　災害救助法	昭和東南海地震（1944）による今村明恒の発生警告	『稲むらの火』（安政南海地震の教訓）の堤防が効果を発揮
1948年6月28日 福井地震（M7・1）	1949　地震観測法改正 1950　建築基準法	震度7新設 耐震建築技術向上 （コンクリート製）	建築物耐震化 都市直下型地震
1952年3月4日 十勝沖地震（M8・2）	1959　建築基準法改正	流氷津波／道路凍結	警報伝達訓練／避難訓練 前兆現象
1959年9月26日 伊勢湾台風	1961　災害対策基本法	災害対策の本格化 （社会インフラの整備）	行政等防災計画の策定
1960年5月24日 チリ地震津波	1962　激甚災害法	太平洋津波警報センターと協力体制／津波警報・注意報	気象予報改善
1964年6月16日 新潟地震（M7・5）	1966　地震保険法	カラーテレビ普及（報道の真実性向上）／安否情報（NHK）	石油タンク火災（スロッシング） 液状化現象
1967年8月26日～29日 羽越豪雨	1973　災害弔慰金支給法	計画高水流量など治水対策の見直し	堤防強化・延長、川幅拡張、橋梁改修
1968年5月16日 十勝沖地震（三陸沖北部） （M7・9）	1971　建築基準法施行令改正	災害応急復旧用無線電話 孤立防止用無線	津波／漂流物による堤防破壊 石油ストーブ転倒による出火の多発 タンカーの損傷による重油の流出

1978年6月12日 宮城県沖地震（M7・4）	1981　建築基準法大改正	耐震建築技術向上（木造）	家屋耐震化（既存不適格） ブロック塀等の安全確認
1983年5月26日 日本海中部地震 （M7・7）		5月26日秋田県の「県民防災の日」 津波警報が電報形式（カタカナ） から無線に変更	約10年間の静穏化／津波警報14 分後 スロッシング／長周期地震動 日本海側には津波は来ないとい う俗説
1984年9月14日 長野県西部地震 （M6・8）		御嶽山麓に9ヶ所の砂防ダム	1979年には、御嶽山噴火 御嶽崩れ発生（山体崩壊） 土砂崩れにより天然の堰止湖
1993年7月12日 北海道南西沖地震 （M7・8）	1992　木造3階建て共同住宅 の基準制定	奥尻島には地震計が設置されて いなかった 190億円を超える災害義援金	奥尻島に巨大津波／津波火災発 生 『体験文集　災害を乗り越えて』 日本海中部地震（83・5・26） の教訓により、奥尻町の住民の 大半が自主避難
1995年1月17日 阪神・淡路大震災 （M7・3）	1995　災害対策基本法改正 1995　耐震改修促進法 1996　特定非常災害の被害者 の権利利益の保全等を 図るための特別措置に 関する法律 1998　被災者生活再建支援法 1998　特定非営利活動促進法	『減災』へ～防災の発想転換 自主防災組織／ボランティア活 性化 震度5・6弱強の10段階制採用	「震度7」初適用 自助・共助の協調 自主防災組織促進 災害ボランティア元年

2000年9月11日～12日 東海豪雨	2001　水防法改正 2003　特定都市河川浸水被害対策法	洪水予報河川の拡充 浸水想定区域の公表	都市型水害／地下鉄の浸水 名古屋市内の川の破堤 帰宅困難者大量発生
2001年3月24日 芸予地震（M6・7）		避難勧告発表なし（呉を除く） インターネットによる災害情報	がけ崩れ・液状化
2003年9月26日 平成15年十勝沖地震 （M8・0）		被災者生活再建支援法	液状化／大型貯槽内容液のスロッシング振動 津波検測
2004年7月26～30日 新潟・福島豪雨災害	2005　『災害時要援護者の避難支援ガイドライン』	緊急消防援助隊設置 要援護者問題への取り組み強化	災害弱者問題（要支援者）
2004年10月23日 新潟県中越地震 （M8・0）	2005　『事業継続ガイドライン』	二次被害（冬の雪害等）防止 悪質犯罪・被災者間トラブル防止	震度計で観測された初の『震度7』 長周期地震動（高層建築） エコノミークラス症候群 上越新幹線脱線事故
2007年7月16日 新潟県中越沖地震 （M8・0）	2007　J-ALERT（一部都市） 2007　緊急地震速報（EEW）	BCP（事業継続計画）の必要の顕在化（株式会社リケン柏崎工場の被災）	企業防災（BCP）へ推進 柏崎刈羽原子力発電所火災
2011年3月11日 東日本大震災 （M9・0）	2011　津波防災地域づくり法 2013　大規模災害復興法 2013　国土強靱化基本法（2016施行） 2015　災害対策基本法改正	広域連携も重要 福島第一原発メルトダウン 復興庁の設置	津波火災 臨時コミュニティFM開設 集団高台移転／地区防災計画（企業の参画） 自治体BCP・広域協力の策定／廃棄物処理

2014年8月20日 広島土砂災害	2015　土砂災害防止法改正 （広島県防災条例の制定）	土砂災害特別警戒区域指定促進 砂防ダムの建設 防災担当行政改革（広島市）	タイムライン作成 （自主避難・早期避難） 防災マップ／避難訓練の必要性 線状降水帯
2014年9月27日 御嶽山噴火	2015　活動火山対策特別措置法一部改正	避難確保計画作成義務化 火山予報官を24時間体制で配置	火山知らずの登山者 登山者知らずの監視体制
2015年9月9～11日 関東・東北豪雨		激甚災害指定	鬼怒川氾濫／常総市役所水没 水防災意識社会 再構築ビジョン
2016年4月14日 熊本地震 （M6.5、M7.3）	2018　災害対策基本法一部改正	要援護者対策 NPO／大学と協力した避難所運営	広域自治体からの救援 ITCの利用 エコノミークラス症候群／自動車避難 震度7が2回
2016年8月30日 台風10号	2015　災害対策基本法一部改正	避難準備情報に「高齢者等避難開始」を追加 災害救助法適用	約2時間で急に川の水位が上昇 施設担当者が災害情報の意味を不知 8月に4個の台風が上陸 迷走台風
2016年12月22日 糸魚川市大規模火災	2017　建築基準法改正 2019　消防法施行令一部改正	被災者生活再建支援法（風害）	20世紀の負の遺産 （家屋密集と老朽化） 防火水槽の増設へ
2017年 7月5日～6日 平成29年7月九州北部豪雨	2017　水防法等一部改正	国が除去工事を行う「権限代行」 中間支援組織（住民・NPO・企業・行政等の調整）	大量の流木発生／河川氾濫 集落の孤立（29か所） 避難の遅れ／避難不可能

2018年6月18日 大阪府北部地震 （M6・1）	2019 建築物の耐震改修の促進に関する法律」施行令一部改正	多くの帰宅困難者が発生 計画休業の企業が増加	ブロック塀の危険性顕在化 エレベータ（34、000基停止、閉込め214基） 都市インフラ老朽化（水道管破裂等）
2018年 6月28日〜7月8日 西日本豪雨	2018 平成30年7月豪雨の災害対策に関する決議	「大雨警戒レベル」の運用を開始	バックウオーター（河川氾濫） ダムの事前放流
2019年10月11〜12日 令和元年東日本台風19号	2019 災害を激甚災害に指定する令和元年政令　一部改正	大規模災害復興法「非常災害」	堤防決壊は71河川142か所 ダムの事前放流
2020年 7月3日〜7月31日 令和2年7月豪雨	2021 災害対策基本法等一部改正	激甚災害および特別非常災害に	パンデミックとの二重災害対策（避難所3蜜対策） 特別養護老人ホーム「千寿園」水没 連続する災害の早期復旧と後発被害

あとがき

「同行二人」とは、「愛する人と二人で歩む」人生の道行きを言うのだと子どものころから思い込んでいました。しかし、正しくは、すべての衆生は一人で生きて、一人で逝かなければならないからこそ、お大師さんと「同行二人」なのだと、世の倣いである肉親との永遠の別れの午後、豁然として心づきました。室戸の薄暗い洞窟で端座しておられた若い日の空海（真魚）でも、後に名をなした偉大な弘法大師でもなく、めいめいの寄る辺ない一期を、ともに辿ってくださる「お大師さん」の息づかいを身近に感じた刹那でした。

――あれは、もうずいぶん遠い日の晩秋の黄昏時でした。

四国足摺岬。国道沿いの遊歩道を海風に吹き飛ばされそうになりながらとぼとぼと金剛福寺（八十八箇所第38番）への道を辿っていていたわたしを、俯きかげんで足早に追い越して行った一人のお遍路さんがいらっしゃいました。そのとき、反対車線を走行してきた巡礼の観光バスの中から、先達と巡礼者たちが一斉に彼に向かって合掌した光景に思わず立ちすくみました。彼は、そのことにまったく気がつかなかった様子でしたが、それは、彼とともに歩んでおられるお大師さんへの合掌だったのだと思いあたり、わたしの心のなかをさやさやと暖かい南風が吹き抜けていきました。

――このはるかな岬に来てよかった。

いまわたしは、長い間、携わってきた「防災」の道に少し迷っています。阪神・淡路大震災に被災して26年、折あらば、この多難な時代には、市民一人ひとりの物心両面の備えと地域コミュニティにおけるつながりこそが、自分と家族と隣人の「命」を守る切り札だと訴えてきました。しかし、毎年のように全国各地で災害が発生し、そのたびにかけがえのない命が奪われます。この社会は決して災害に強くなっていない。では、どうすれば、今後も続く災害時に、市民の命が失われなくて済むのか。わたしが拙くも訴えてきた「防災」は、正しい道だったのか。有効な手立てだったのか。大自然の脅威に対してあまりにも優柔不断に過ぎるのではないか――。

縁あって、16年もの間、安芸の地（廣島）に暮らしました。

風の人（余所者）は、「情報」を伝えて去り、土の人（土着民）は、その地に「命」を育み、その二つが結び付いて風土となると言われます。たまさか、宿舎のすぐ近くで大きな土砂災害（2014）と豪雨災害（2018）に遭遇し、知人の一人も帰らぬ人になりました。日ごろから活動してきた地域の防災に、わずかでも寄与できなかったことに心を締め付けられる思いです。

地方からわが国の災害を俯瞰しますと、首都直下地震が切迫しているという科学者の警告にもかかわらず、ますます一極集中が進むわが国のありようそのものに大きな不安を感じます。

わたし自身は、そのようなメインストリームから取り残されようと、今後ますます荒廃する山林の実態や、あたかも『シーシュポスの神話』（神々の言い付け通りに大きな岩を山頂に運ぶが、その瞬間に、岩はころがり落ちてしまう。アルベール・カミュ）のように繰り返される河川改修の困難さ、そして、ともすれば、その存在すら忘れられる中山間部の限界集落などの現実を「同行二人」で見つめる旅を続けようと思っています。

本書の出版に当たり、NPO日本防災士会常務理事の甘中繁雄様と近代消防社の三井栄志社長にひとかたならぬお世話になりました。あらためて感謝を申し上げます。

2021年（令和3年）6月12日　亡母の9回目の祥月命日に

本書の姉妹書『市民防災力 ―うち続く大災害にどう備えるか―』近代消防社刊

筆者が、阪神・淡路大震災以来の防災活動の中で考え続けてきた「日本人の災害観と防災文化（第一章）」にはじまり、西日本豪雨（２０１８）における広島市の避難対策等検証会議委員としての記録「市民防災力の向上への取り組み（第六章）」まで、行政と市民の防災研究の指標となる書である。

――「たとえ明日、世界が滅亡しようとも今日、私はリンゴの木を植える。Even if I knew that tomorrow the world would go to pieces, I would still plant my apple tree.：Martin Luther」という透徹した覚悟が、災害多発の時代に隣人の「命を守る」ために貴重な生の時間の一端を捧げようと決意をしたともがらと分かちあえる心の羅針盤ではなかろうか。

（あとがきより）

索　引

【著者紹介】

松 井 一 洋（まつい かずひろ）

広島経済大学名誉教授
企業経験や大学での経営学研究（マーケティング論、メディア論、企業広報論等）の知見を加味し、数々の災害検証から紡ぎだす市民防災講演、防災士養成研修、防災リーダー研修には定評がある。

1949 年　大阪府堺市生まれ
1974 年　早稲田大学卒業
1995 年　阪神・淡路大震災に被災
1996 年　NHK 災害放送プロジェクト専門委員
　　　　KANSAI ライフライン・マスコミ連絡会事務局長
1999 年　日本災害情報学会設立時メンバー
2001 年　NPO 日本災害情報ネットワーク理事長
2004 年　広島経済大学教授

■著作
・『あの日、あの時…何ができて、何ができなかったか』（(財)放送文化基金）
・『災害―放送・ライフライン・医療の現場から』（(財)放送文化基金）
・『神戸からの伝言―瓦礫に響いたバッハ―』（東方出版）
・『災害情報とマスコミそして市民。』（里山出版）
・『断層を越えて～今こそ、災害文化創造の「場」と「物語」を』
（朝日新聞社「論座」2005 年２月号）
・『こちらは FM ハムスター』（広島経済大学研究叢書第 35 号 2011 年３月）
・『防災ハンドブック』（広島 FM 放送　2016 年３月）
・『市民防災力―うち続く大災害にどう備えるか―』（近代消防社 2020 年７月）
ほか

市民防災読本 ――減災から、災害死「0」へ――

「新たなステージ」に入ったわが国の「防災」を根底から問いなおす

二〇二一年（令和三年）七月一日　第一刷発行

著　者――松井　一洋

発行者――三井　栄志

発行所――近代消防社

〒一〇五―〇〇二一
東京都港区東新橋一ノ一ノ一九（ヤクルト本社ビル内）
TEL　〇三―五九六二―八八三一（代）
FAX　〇三―五九六二―八八三五
URL = https://www.ff-inc.co.jp
E-mail=kinshou@ff-inc.co.jp
振替=〇〇一八〇―五―一一八五

印　刷――創文堂印刷

検印廃止　Printed in Japan
落丁本・乱丁本はお取り替えいたします。
ISBN978-4-421-00955-2 C0030　定価はカバーに表示してあります。